GUY BIRENBAUM

LE CABINET NOIR

AU CŒUR DU SYSTÈME YVES BERTRAND

Du même auteur

Le Front national en politique, Balland, 1992.

Nos délits d'initiés, Stock, 2003.

3, rue Rollin, 75005 Paris
Tél. : 01 42 17 47 80 – Fax : 01 43 31 77 97
arenes@arenes.fr

GUY BIRENBAUM

LE CABINET NOIR

AU CŒUR DU SYSTÈME YVES BERTRAND

les arènes

AVERTISSEMENT DE L'ÉDITEUR

Ce livre est un témoignage, pas une enquête.

L'auteur est éditeur, pas journaliste.

Il a vécu les événements qu'il rapporte. Il en a souffert.

Tour à tour approché, sollicité, surveillé, menacé, manipulé, il a beaucoup perdu.

Aujourd'hui, il raconte. Sans animosité, mais sans complaisance.

Pour que les lecteurs découvrent à leur tour ce qui se trame dans les coulisses de la politique, de l'édition et des médias.

Parce que le cabinet noir hérité de Fouché remet en cause les valeurs fondamentales de notre démocratie, le rôle de la police, du pouvoir, de l'État et la liberté des citoyens.

Son livre est ainsi le récit à la première personne, à travers sa propre histoire, de la face cachée de plusieurs affaires en cours auxquelles il a été mêlé. Parfois à son insu. Toujours à son détriment.

De l'assassinat du préfet Érignac à Clearstream en passant par les désormais célèbres carnets de l'ancien patron des renseignement généraux, Yves Bertrand, dont la presse a déjà publié des extraits.

Certains des protagonistes de ce livre qui reflète l'expérience personnelle de son auteur font l'objet d'instructions ou de poursuites judiciaires.

Ils ont droit au respect de la présomption d'innocence.

L.B.

Sommaire

À ma tribu.

Il n'y a jamais eu de cabinet noir à l'Élysée sous Jacques Chirac.

Dominique de Villepin, 18 octobre 2008.

Aux RG, il y avait l'écriture ; j'aime écrire. Il y avait l'analyse ; j'aimer analyser. C'est là aussi que j'ai appris qu'on pouvait se tromper.

Yves Bertrand, 22 janvier 2004.

Quelqu'un suggérait à un auteur de ma connaissance, à propos d'un ouvrage de lui qui allait paraître et dont l'héroïne pouvait trop bien être reconnue, de changer au moins encore la couleur de ses cheveux... Eh bien, je ne trouve pas cela enfantin, je trouve cela scandaleux. Je persiste à réclamer les noms, à ne m'intéresser qu'aux livres qu'on laisse battants comme des portes, et desquels on n'a pas à chercher la clé.

André Breton, *Nadja*.

Prologue. La rumeur de la ville.

Yves Bertrand et le « cabinet noir » sont soudainement sortis de l'ombre lorsque *Le Point* a publié[1] les « carnets secrets » de l'ancien patron (douze ans...) des renseignements généraux[2].

CABINET NOIR : *Né sous Richelieu, ce service de renseignement surveillait les opposants. Il demeura actif sous la Révolution et jusqu'au Second Empire.*

Les lecteurs se sont aussitôt précipités sur ces « brouillons » – *dixit* Yves Bertrand – révélant l'existence d'une « officine » au cœur de la République.

OFFICINE : *Lieu où se trame quelque chose.*

---

1. Le 9 octobre 2008.
2. De 1992 jusqu'en janvier 2004.

Calomniés dans les carnets, surveillés pendant plus d'une décennie, les politiques concernés se sont indignés avant d'annoncer qu'ils portaient plainte, les uns après les autres.

Depuis, dans la presse, certains font comme si ces notes et ces carnets, qui éclairent d'une lumière crue les coulisses de la politique et des médias français avaient soudainement surgi du néant. Des journalistes font même mine de découvrir le pot aux roses et les agissements d'Yves Bertrand.

Longtemps craint et respecté, il est désormais traité à longueur de colonnes de « charlot », de « manipulateur » ou de « petit Hoover[1] ».

La plupart assurent avoir totalement ignoré jusqu'à l'existence du cabinet noir.

Tous ?

Cela fait longtemps que je sais qu'à la tête d'un service clé de la République, supervisant plus de trois mille cinq cents policiers dont sept cents à Paris, Yves Bertrand a été l'une des courroies de transmission d'un clan, alors au pouvoir. Un clan qui a mobilisé tous les moyens dont il disposait pour déstabiliser les médias et les alimenter en informations douteuses, à son profit.

---

1. J. Edgar Hoover était le directeur du FBI. Jusqu'à sa mort, en 1972, et sous huit présidences, il a constitué des dossiers sur toute la classe politique américaine, Martin Luther King ou Marilyn Monroe.

Contre Lionel Jospin d'abord, contre Nicolas Sarkozy ensuite. Et, plus généralement, contre tous ceux qui pouvaient menacer les intérêts de Jacques Chirac et de Dominique de Villepin (dans une moindre mesure).

Éditeur de documents d'actualité depuis dix ans, j'ai été confronté au cabinet noir et à ses sbires. J'ai été happé malgré moi dans leurs manœuvres. J'ai cru à tort à certains montages que l'on m'a présentés. Heureusement, je ne suis pas allé jusqu'à les publier. Ou presque…

J'ai gardé des traces, retrouvé des lettres, exhumé des documents.

Car j'ai pris des notes. Moi aussi.

C'est cette drôle d'histoire que je vous raconte.

Une petite précision avant de commencer : ce livre aurait dû sortir en septembre 2006. Sept mois avant la présidentielle, alors que Nicolas Sarkozy et Dominique de Villepin, voire Jacques Chirac, se disputaient la place de candidat de la droite à la magistrature suprême.

Pourquoi n'est-il pas paru ?

Au cours de l'été 2006, j'avais rendu mon texte à Jean-Marc Roberts, le patron de Stock. Mon précédent livre dans sa maison, *Nos délits d'initiés*, s'était vendu à plus de soixante-dix mille exemplaires. Bien sûr, mon nouveau manuscrit était « *une bonne histoire* » – je le cite – mais il l'avait plongé dans une certaine perplexité.

Il ne voulait pas la publier, cette « bonne histoire ». Le livre lui posait notamment des problèmes « *en termes de confraternité* » (probablement compte tenu des pratiques de plusieurs éditeurs que vous allez découvrir au fil des pages). Je crois reproduire fidèlement ses mots.

Roberts ne me proposa pas de retravailler mon manuscrit, d'en enlever telle ou telle partie. Il préférait visiblement que je passe à autre chose.

Un autre éditeur a alors lu et aimé le texte. Et m'a proposé un contrat.

Je suis allé participer aux réunions commerciales devant les représentants pour préparer sa sortie. Les perspectives étaient excellentes. Et puis…

J'ai calé et j'ai renoncé à publier mon livre.

Pourquoi ?

J'ai eu peur. Oui, peur. La frousse, tout simplement.
Peur de me retrouver au milieu d'une bataille qui n'était pas la mienne. Pour faire court, à l'époque, le duel Villepin/Sarkozy faisait rage en coulisse et les coups les plus bas s'échangeaient chaque jour. Au mieux, les « problèmes de confraternité » de mon ami le patron de Stock allaient se

révéler une redoutable maladie contagieuse et entraîner une omerta médiatique. Au pire, je risquais d'exploser en plein vol.

J'ai décidé de ne pas m'en mêler.

De regarder ailleurs. Moi aussi.

J'ai donc rangé mon paquet de feuilles imprimées sous ma méridienne en moleskine rouge fripée. Finalement elles étaient aussi bien là, au chaud...

Et puis, à l'automne 2008, tous mes « héros » sont réapparus en pleine lumière.

Les deux juges en charge de l'affaire Clearstream avaient saisi, le 16 janvier 2008, les « carnets » d'Yves Bertrand à son domicile. La parution « opportune » dans la presse, en plein procès de l'Angolagate, de leurs morceaux choisis changeait la donne.

Je n'avais pas rêvé.

J'ai ressorti mon paquet de feuilles abandonnées de sous la méridienne rouge. J'ai relu le titre un peu fanfaron « *Vous m'avez bien cherché...* » et le sous-titre « *Voyage à l'intérieur du cabinet noir* ».

Un certain nombre de passages étaient périmés car la donne politique avait changé. Des informations inédites ne l'étaient plus. Mais, à lire avec le recul, l'histoire prenait tout son sens. J'ai donc décidé de reprendre le manuscrit, de couper l'anecdotique, les digressions, l'écume du moment. J'ai complété tout ce qui devait l'être. Vérifié. Recoupé. Repris les faits. Je pense qu'ils sont suffisants.

Vous jugerez.

Yves Bertrand explique aujourd'hui pour se défendre qu'il ne fut qu'un scribe, se contentant de recopier les rumeurs, sans les nourrir.

Il lançait la rumeur de la ville. Il n'a jamais cessé d'agir pour alimenter un système à base de « coups » et de « chantiers ».

Chantier : *Dans le langage des services secrets, recouvre un piège ou une manipulation montés autour d'une cible.*

Ce livre est mon histoire. C'est aussi la sienne.

1. Initiation au cabinet noir.

L'histoire officieuse du cabinet noir d'Yves Bertrand commence en 1995, juste après l'élection de Jacques Chirac, miraculé des sondages, qui, six mois plus tôt, ne lui donnaient aucune chance.

Souvenez-vous. Lorsque le futur vainqueur arrive dans le hall de TF1 pour une interview, il désigne du doigt le directeur de l'information de la chaîne, Gérard Carreyrou : «Vous ! Les mines de sel !» La plaisanterie ne fait pas rire tout le monde. Dans la ligne de mire de Jacques Chirac, tous ceux qu'il soupçonne de l'avoir trahi au profit d'Édouard Balladur. Entre tous, il en veut d'abord à Charles Pasqua et Nicolas Sarkozy.

Un seul problème : les deux hommes connaissent par cœur le système Chirac.

Comme par enchantement, les «affaires» se multiplient : HLM de Paris, Mairie de Paris, Angolagate, otages du Liban, Pétrole contre nourriture, compte japonais du président...

Un feu d'artifice.

Les juges et les journalistes s'approchent tour à tour de Jacques Chirac et de Charles Pasqua. Parfois en même temps. C'est une bagarre quotidienne entre les convocations judiciaires, les révélations, les documents qui fleurissent dans la presse et dans des livres.

Les médias sont un terrain d'action privilégié pour le directeur central des renseignements généraux. Dans son piètre livre de Mémoires [1], Yves Bertrand a justement donné – par précaution ? – le baiser du serpent à quelques « pointures » de la presse, avec qui, écrit-il pudiquement, il « échangeait des informations ». *« Parmi ceux que je place sans hésiter parmi les grands de la profession, citons au premier rang Jean-Marie Pontaut, Gilles Gaetner, Frédéric Ploquin, Laurent Joffrin, Éric Conan, que je tiens pour d'authentiques journalistes d'investigation. » Il ajoute même : « Je voudrais aussi exprimer une pensée particulière pour Hervé Gattegno et Pascal Ceaux qui, au fil des ans, sont devenus des amis*[2]. » Yves Bertrand est œcuménique. Au fil des pages, il évoque même ses rencontres avec des hommes aussi opposés que Claude Angeli du *Canard enchaîné* ou Gérard Penciolelli de *Minute*. Bertrand

1. *Je ne sais rien, mais je dirai (presque) tout* (Plon, 2007).

2. Jean-Marie Pontaut et Gilles Gaetner sont des piliers de *L'Express*, Frédéric Ploquin est à *Marianne* comme Eric Conan (ancien de *L'Express*), Laurent Joffrin dirige désormais *Libération*. Après de longues années au *Monde*, Hervé Gattegno et Pascal Ceaux officient aujourd'hui respectivement au *Point* et à *L'Express*.

est également très proche d'Eric Branca de *Valeurs Actuelles.* C'est ce dernier qui l'a accouché de ses Mémoires.

Pendant que « l'agence de presse » Yves Bertrand va au contact, à l'Élysée le Secrétaire général, Dominique de Villepin est à la manœuvre. Après l'échec de la dissolution en 1997, le nouveau Premier ministre socialiste, Lionel Jospin, est ajouté en tête de liste des adversaires du président. Dominique de Villepin est un adepte de l'offensive. Depuis toujours, il préfère « *une stratégie d'initiatives et d'action* » plutôt que de « *réagir devant les événements* ». Avec quelques amis avocats, dont le redoutable Francis Szpiner, il lance les contre-attaques.

Yves Bertrand ? L'un des bras armés de ce système. C. comme Chirac. Il est indéboulonnable : Jacques Chirac refuse même à Lionel Jospin son remplacement.

Régulièrement, Bertrand rapporte à Philippe Massoni, son ancien patron, et à Dominique de Villepin, qui, raconte-t-il aujourd'hui, l'accueille toujours dans son bureau d'un tonitruant : « *Alors quoi de neuf, camarade* [1] *?* »

Pourtant analyser le fonctionnement des réseaux d'Yves Bertrand et observer les hommes qui travaillent pour lui revient assez rapidement à nager au milieu des requins...

1. D'après les enquêteurs du *Point*, les carnets d'Yves Bertrand mentionnent la bagatelle de trente-trois rendez-vous entre DV (Dominique de Villepin) et Yves Bertrand entre le 8 janvier 2001 et le 22 octobre 2002...

Selon les « opérations », Bertrand sollicitait un assemblage aléatoire de fonctionnaires dévoyés (préfets en maraude, hauts fonctionnaires zélés), d'avocats ambitieux, de politiques à l'affût, de barbouzes, d'officines privées, de journalistes aussi (eh oui...), le tout noyé dans une brochette de flics, parfois « marrons », agrémentés ici ou là d'anciens taulards (qui n'étaient pas les plus indignes).

Ce groupe hétéroclite et très cloisonné participait à l'exécution de « missions » que les services officiels ne pouvaient en aucun cas assurer ni couvrir. On ne monte pas ces coups-là en gants blancs, avec des saint-cyriens ou des énarques. Et les demi-soldes ont un avantage : ils peuvent facilement servir de fusibles. Sauter quoi !

Pour se faire une idée de la manière de fonctionner du cabinet noir, il suffit, pour débuter, de parcourir un courrier, adressé par un certain Hubert Marty-Vrayance à Bernard Squarcini, le 10 avril 2003.

Marty-Vrayance est un ancien responsable des renseignements généraux de la Nièvre, le fief de François Mitterrand et de Pierre Bérégovoy. Passé par Sciences-Po, major de sa promotion à l'école de police, autrefois en mission au Gabon, la chasse gardée des services secrets français, il a travaillé au plus près d'Yves Bertrand. Ce nom réapparaîtra plusieurs fois au fil de ces pages. Autant se familiariser avec lui tout de suite.

Il constitue un modèle d'officier des renseignements généraux formé pour fomenter et intoxiquer. Quand il écrit cette lettre, il vient de s'éloigner d'Yves Bertrand et cherche à se faire pardonner de ses activités passées au service de ce mentor.

Squarcini [1] est à l'époque le n° 2 et l'adversaire déclaré d'Yves Bertrand. Lisez attentivement ce qu'écrit Hubert Marty-Vrayance, le « soldat perdu » du cabinet noir.

Il décrit tout simplement le fonctionnement du réseau.

Paris, le 10 avril 2003.

Hubert MARTY-VRAYANCE
CPP
à
M. Bernard SQUARCINI
DCRG adjoint

Bernard,

Une série de quiproquos et de malentendus ont malheureusement altéré nos bonnes relations l'an dernier.

Conscient depuis plusieurs mois d'avoir été nettement abusé à ton sujet, j'ai réalisé l'erreur commise à ton égard.

Je te prie donc dès à présent d'accepter ici toutes mes plus vives excuses pour le préjudice que tu as pu en avoir.

Afin que tout soit désormais très clair entre nous, je tiens à m'expliquer auprès de toi sur la lettre litigieuse du 12 mai 2002, cause principale de ton mécontentement.

.../...

1. Il est aujourd'hui l'un des hommes de confiance de Nicolas Sarkozy, qui l'a nommé à la tête de la DCRI (Direction centrale du renseignement intérieur), la structure qui regroupe les RG et la DST, depuis le 2 juillet 2008.

Pour ma part, c'est au chef de cabinet d'Yves BERTRAND, le commandant Didier ROUCH, que je confiai ma stupeur et ma colère devant l'iniquité de la mesure disproportionnée qui venait de me frapper.

Pourquoi à ROUCH ?

Parce qu'il était le représentant personnel d'Yves BERTRAND, et le coordonnateur d'un réseau discret de renseignement apparemment mis en place depuis plusieurs années, ce que des journalistes amateurs de raccourcis faciles ont qualifié de « cabinet noir ».

Un réseau très cloisonné de fonctionnaires et de journalistes travaillant dans l'ombre sans se connaître, non pas au profit de la DCRG ou du ministère de l'Intérieur, mais, et je le comprendrai plus tard, de la seule personne du DCRG.

Les "agents" composant ce réseau étaient chargés de recueillir des renseignements à son intention exclusive, soit parce qu'ils étaient impossibles à recueillir dans le strict cadre de l'institution, soit parce qu'ils étaient destinés à l'usage personnel du "patron", vraisemblablement dans l'intérêt du service.

Commodité supplémentaire de ce système : ces "agents" étant tout à fait officieux, ils pouvaient servir de fusibles en cas de dérapage, afin de ne pas mettre en difficulté Yves BERTRAND.

…/…

Il était grand temps de clore cette affaire dont nous aurions pu tous deux faire l'économie.

Je te souhaite ainsi une réussite professionnelle à la mesure de tes talents et t'assure de mes meilleurs sentiments, restant à ta disposition si tu souhaites éclaircissements ou précisions.

Le ton est donné, le décor planté. Place à mon histoire.

2. Halphen déminé.

Nous sommes le 28 février 2002.

Une semaine plus tard, les éditions Denoël, où je dirige alors (depuis 1998) le secteur des « documents d'actualité », vont sortir un livre très attendu, *Sept ans de solitude* d'Éric Halphen. C'est le juge de l'affaire des HLM de Paris, l'homme qui a osé convoquer Jacques Chirac – un ordre de convocation libellé au nom de « Chirac Jacques » – pour l'interroger, sans succès.

Depuis quelques jours, nous avons conclu un accord en bonne et due forme avec le quotidien *Libération*, et son patron de l'époque, Serge July. C'est *Libé* qui va publier les « bonnes feuilles », des extraits du livre, à la veille de sa sortie.

Le Monde a bien tenté de doubler son confrère en passant par la bande d'arrêt d'urgence. Alors que, depuis l'origine, ses enquêteurs maltraitent régulièrement Éric Halphen, Edwy Plenel soi-même est venu (en moto) dans mon petit bureau, pour tenter de nous convaincre, le juge et moi, de la nécessité absolue de sortir nos extraits en exclusivité dans *Le Monde*.

« *Vous avez besoin de nous* », a trépigné le boss du quotidien. Devant notre refus argumenté et explicite, Plenel, la moustache frémissante, a piqué une colère épique, tapant même du pied sur le sol, à notre grande surprise. Pas l'habitude des refus peut-être. Mais nous n'avons pas cédé, respectant notre parole à l'égard de *Libération*.

Ce jeudi 28 février, en toute fin de journée, je suis chez moi. Soudain, un appel téléphonique d'Éric Halphen m'alerte. D'après une indiscrétion dont il vient de bénéficier, *Le Figaro* s'apprête à publier le lendemain, vendredi 1er mars, des extraits de son livre, que nous n'avons pour l'heure envoyé nulle part et que même personne n'a lu, à part deux ou trois collaborateurs de Denoël. La mise en page et la correction ont été effectuées en interne – une procédure rarissime.

Il s'agit d'extraits volés, probablement à l'imprimerie, puisque les exemplaires des services de presse sont sous clé dans le bureau du patron, Olivier Rubinstein, lui-même étant en vacances. J'appelle immédiatement le quotidien où un journaliste de qualité que je connais bien – Jean-Marc Gonin – assure, ce soir-là, la responsabilité de l'édition du lendemain. Devant ma certitude du sale coup à venir, après m'avoir un peu baladé, il me confirme l'information. Oui, la une du *Figaro* va bien être consacrée au livre d'Halphen.

Le quotidien s'apprête à écrire qu'il n'y a absolument rien d'explosif dans l'ouvrage.

Les deux journalistes qui signent les papiers « descendent » l'ouvrage au lance-flammes, mais de manière anonyme. Éric Decouty (il exerce aujourd'hui ses talents à *Marianne*) et Marie-Amélie Lombard (toujours au *Figaro*) ont-ils des scrupules à signer ? *Le Figaro* consacre huit colonnes à la une pour affirmer qu'il ne s'agit que d'un « vrai-faux pamphlet », vide et creux, une « bombe qui fait long feu ». Le but : déminer la sortie de cet ouvrage en court-circuitant la parution des bonnes feuilles dans *Libération*. Le coup de billard est déloyal, mais efficace.

C'est la première marque visible du cabinet noir sur mon chemin.

Comment *Le Figaro* s'est-il procuré le livre ?

S'agit-il d'un livre volé chez l'imprimeur ou d'épreuves du livre ? Est-ce la dernière version du texte ou une copie de travail interceptée quelque part ?

Mais où ?

Ces questions restent aujourd'hui encore sans réponse.

Le Figaro tente d'habiller le méfait dont il a profité. Il publie dans la foulée un entrefilet dans lequel on apprend que *Sept ans de solitude* aurait été en vente de manière anticipée dans les librairies de l'aéroport Roissy-Charles-de-Gaulle : « *Une vendeuse d'une librairie de Roissy II a même affirmé à l'un de ses clients que l'ouvrage était disponible depuis plusieurs jours. Parmi les premiers acheteurs : le journaliste d'investigation Jean Montaldo et Dominique Tibéri, le fils de l'ancien maire de Paris.* »

L'affaire est techniquement impossible, à cette date les cartons n'ayant pas quitté les entrepôts. Mais il faut faire croire que le livre était déjà en vente ; qu'il leur a suffi de « se baisser » pour le ramasser. Les noms des deux acheteurs laisse également rêveur !

Les précisions « fuitent » en quarante-huit heures chrono : « *Aux renseignements généraux, on assure qu'il y aurait effectivement eu un « détournement » de l'ouvrage, téléguidé par des « petites mains » du RPR, de connivence avec quelques ouvriers proches de la droite. L'Élysée, « au courant de la manip', mais pas aux commandes », assure une autre source, « aurait laissé faire"*[1] ».

Depuis l'annonce de son retrait de la magistrature, la perspective du livre d'Éric Halphen faisait trembler la Chiraquie. Les « commandos » chiraquiens ont préféré anticiper.

C'est que l'Élysée a longtemps redouté la curiosité d'Éric Halphen.

---

1. *Le Journal du Dimanche*, 3 mars 2002.

Au point de le faire espionner ? La question se pose. Les paparazzi les plus redoutables de la place de Paris reconnaissent aujourd'hui qu'ils « planquaient » alors en permanence le juge grâce à des renseignements servis à domicile. À plusieurs reprises, des hommes ont tenté de faire sortir dans la presse des photos du juge Éric Halphen en compagnie de son amie de l'époque, une journaliste, sur une plage de Guadeloupe. Tout a été tenté pour qu'un tabloïd – anglais – publie ces photos. Il était prévu ensuite qu'un hebdomadaire français reprenne une photo du tabloïd pour s'insurger hypocritement de cette intolérable violation de la vie privée d'un juge...

Dans sa confession posthume, enregistrée sur une fameuse cassette vidéo, le défunt « financier » du RPR, Jean-Claude Méry, a fait état de ces photos et de l'opération menée pour piéger Éric Halphen. Quelques jours après la sortie de *Sept ans de solitude*, le documentariste Arnaud Hamelin, qui a recueilli deux ans plus tôt les confidences de Méry, m'appelle, un peu ennuyé. Des journalistes de télévision (il me cite Canal Plus) veulent lui racheter le passage de la cassette vidéo où Méry évoque la relation entre Éric Halphen et la journaliste en question. Hamelin me sonde donc pour connaître les intentions de l'ex-juge en cas de diffusion de cet extrait. Halphen me dit qu'il porterait plainte. L'affaire en reste là. Par qui ces « journalistes » étaient-ils instrumentalisés ?

Quelques jours plus tard, l'éditorialiste et écrivain Stéphane Denis n'aura aucun scrupule à avouer le vol du livre dans les colonnes de son quotidien : « *Des bonnes feuilles dans* Libération *c'est un scoop, dans* Le Figaro *c'est du vol. Mais quand un éditeur vous fait le coup du livre explosif, le journalisme c'est le vol, et la déontologie de ne pas se faire prendre. Le lecteur a tout à y gagner.* »

Jacques Chirac aussi.

3. Jospin, père & fils.

Perturber la sortie d'un best-seller annoncé relève de la guérilla médiatique et politique. Chercher à faire publier un livre nauséabond sur un adversaire politique, ce n'est pas de bonne guerre. C'est un coup bas.

La « récupération » du livre d'Éric Halphen n'est pas suffisante. Les hommes de l'ombre ont d'autres activités occultes dans la période présidentielle. Ils vont carrément tenter de faire paraître, après l'avoir inspiré et dicté, un livre à charge au sujet du principal concurrent du candidat Chirac, Lionel Jospin.

Alors que le Premier ministre doit sortir son livre officiel de campagne, en l'occurrence des entretiens avec Alain Duhamel, chez Stock, le cabinet noir décide de torpiller l'ouvrage officiel du candidat socialiste en organisant la publication d'un texte assassin, à paraître en même temps.

En mars 2002 des membres de l'équipe approchent un éditeur parisien – et pas n'importe lequel – pour lui proposer le coup d'édition de l'année – et pas n'importe lequel – sur un sujet brûlant : Lionel Jospin. Le livre entend révéler son passé trotskiste (véritable obsession d'Yves Bertrand à l'époque, ses carnets en font foi) et braque le projecteur sur le passé de son père, quasiment présenté comme un collaborateur. Tout est dans le sous-titre de ce pamphlet : *Les cauchemars en rose et brun qui hantent Lionel Jospin.*

Voici deux petits extraits de ce texte :

D'abord son introduction.

J.-P. Cruse
Dulien MATHIS

- Un passé qui ne passe pas -

Les cauchemar~~d~~s en rose et brun qui hantent Lionel Jospin

L'étrange cérémonie des aveux qui a vu Lionel Jospin nier, puis reconnaître, plus ou moins, tout en minimisant les faits, qu'il avait bel et bien été infiltré clandestinement au sein du Parti Socialiste par une organisation d'ultra-gauche, en 1971, dans le cadre d'une délicate opération d' "entrisme" menée à la baguette par son "commissaire politique" de l'époque, le mystérieux "gourou" trotskiste Pierre Boussel, dit Pierre Lambert, a laissé beaucoup de spectateurs du "film" sur une décevante impression d'inachevé. Beaucoup gardent l'impression que tout n'a pas été dit. L'essentiel reste, effectivement, à venir.

Puis l'un des passages les plus sensibles.

A Meudon, au même moment, le petit Lionel Jospin, qui a déjà 7 ans, fait sa première expérience politique. Elle va le marquer à vie.
Nous sommes le 23 aout 1944. **(11)** Son père fait la sieste. Des voisins surviennent, affolés: la Résistance le cherche. Ils veulent l'arrêter, le tuer peut-être... Robert Jospin s'enfuit, et se cache. Le lendemain, les nazis s'enfuient, Meudon est libérée: le Comité de Libération de la ville traque et arrête tous les conseillers municipaux qui avaient été nommés, sans vote, par les autorités collaboratrices de Vichy.
La plupart d'entre eux seront effectivement arrêtés, et jugés. Robert Jospin s'en sortira. Par une simple exclusion de la SFIO, son parti, en 1945. Pour "attitude trouble" pendant l'occupation. "Pacifiste égaré", disent aujourdhui, bons princes, les journalistes trotskistes. Ah!bon? "Pour une paix désarmée, même en face de Hitler", écrivait en 1933 le "pacifiste égaré" Félicien Challaye, ami et maître à penser de Robert jospin. Convaincu, comme, d'ailleurs, il faut le souligner, la plus grande partie des socialistes de l'époque, que l' "ennemi principal" est le "rouge" (Staline)

Il y a plus de cent pages de cet accabit. J'en possède une copie sur mon bureau.

But de la manœuvre : assimiler le déni de trotskisme du Premier ministre à l'occultation du passé de son propre père. On imagine la polémique qu'aurait pu occasionner la parution de ce brûlot en pleine campagne présidentielle.

Cependant l'éditeur approché va refuser le texte, signé d'un journaliste sulfureux, Jean-Paul Cruse[1], accompagné d'un inconnu, un certain Didier Mathis.

Il ignore sans doute que la plainte déposée par une certaine Gisèle Néron (sic!) contre Lionel Jospin, concernant les conditions d'acquisition de sa maison sur l'île de Ré, vient très probablement des mêmes filières. Ou que les dénonciations concernant les comptes de la MNEF ont dû passer par le même canal.

Mais la lettre de refus de l'éditeur est sans ambiguïté.

Détail révélateur : sa missive est adressée au SGDN (Secrétariat général de la Défense nationale), à Marty-Vrayance, officier des renseignements généraux, alors proche d'Yves Bertrand. Drôle d'adresse pour un projet éditorial à charge contre le Premier ministre, alors que le SGDN est directement rattaché à Matignon!

1. Ancien dirigeant de la Gauche prolétarienne maoïste, Jean-Paul Cruse fut l'un des fondateurs du journal *Libération*. Il a également prêté sa plume au capitaine Barril. Après la publication des carnets d'Yves Bertrand, en 2008, il sera l'un des premiers à recueillir sa réaction sur son site www.lemonderéel.fr

CARNOT
www.carnot.fr

SGDN / DCSSI
51, Boulevard de Latour-Maubourg
75007 Paris SP 07

Personnel et confidentiel

A l'attention d'H. Marty-Vrayance

Chatou, le 3 avril 2002

Hubert,

Comme suite à notre rendez-vous du vendredi 22 mars dernier à *La Coupole* avec Didier Mathis, je te confirme que je ne souhaite pas publier le manuscrit polémique qu'il m'a remis concernant Lionel Jospin et signé de Jean-Paul Cruse. Tu sais d'ailleurs que je ne fais pas ce type de livres qui s'en prennent à un individu.

Le manuscrit est donc à ta disposition ici ; appelle-moi pour me dire quand tu souhaites passer le chercher.

Bien cordialement,

Patrick Pasin

10, quai Jean-Mermoz - F-78400 Chatou
Tél. 33 (0)1 30 53 75 05 - Fax : 33 (0)1 30 71 15 03 - contact@carnot.fr
Sarl au capital de 25 154,09 € - RCS Versailles B 412 962 375 - Siret : 412 962 375 00025 - APE : 221A

Mais, au fait, pourquoi ces « auteurs » se sont-ils adressés aux éditions Carnot ?

C'est tout simple. Hubert Marty-Vrayance n'en est pas à son coup d'essai dans l'édition. Il a déjà fourni un certain nombre d'« informations » à Thierry Meyssan. Le Meyssan du 11 septembre 2001 et du Réseau Voltaire[1] ? Eh oui… L'auteur, chez le même Carnot, du fameux livre *L'Effroyable Imposture* qui remet en cause la version officielle des attentats du 11 septembre, et en particulier le crash d'un avion sur le Pentagone.

Le monde est tout petit, non ?

À la suite de cet épisode, après que sa direction aura repéré ses initiales dans les remerciements du livre de Thierry Meyssan, Hubert Marty-Vrayance, commissaire principal, issu de la Direction centrale des renseignements généraux (et bien noté), sera écarté de la Direction centrale de la sécurité des systèmes d'information (DCSSI)[2], un mois plus tard, en avril 2002.

---

1. Créé en 1994, le Réseau Voltaire était au départ une association en faveur de la liberté d'expression, avant de devenir un « observatoire de l'extrême droite et des milieux cléricaux » avec une forte activité sur Internet et de nombreuses connexions avec la police. Après le 11 septembre 2001, son président Thierry Meyssan s'est rapproché du Hezbollah libanais et de l'Iran, au nom de l'anti-impérialisme américain.
2. Placée sous l'autorité du Secrétaire général de la Défense nationale.

Cette fois, le patron des éditions Carnot semble avoir flairé la manœuvre…

Mais sait-il seulement que le coauteur du manuscrit sur la famille Jospin, qui se fait appeler Didier Mathis, se nomme en fait Didier Rouch et qu'il est alors, tout bêtement, le chef du cabinet des affaires réservées (sic!) du directeur central des renseignements généraux, Yves Bertrand?

4. Pierre Bérégovoy a été assassiné !

Pour goûter l'originalité de ce monde parallèle, rien ne vaut un bon petit dialogue entre amis.

Ainsi Hubert Marty-Vrayance dîne-t-il, fin 2002, à la Brasserie de l'École militaire avec le fameux Didier Rouch/Mathis. Prudent, paranoïaque ? Ou les deux, Marty-Vrayance enregistre le dîner à l'insu de son convive. Cet agent double ou triple se méfie de tous, voire de lui-même. Voici donc la retranscription de l'un des passages les plus croustillants du dîner, rédigée par l'intéressé.

Je vous rappelle que les deux hommes qui discutent travaillent pour les renseignements généraux, dans le premier cercle d'un certain Yves Bertrand.

Retranscription du CD de mon dîner à l'Ecole militaire avec le commandant Didier ROUCH, chef de cabinet du Directeur des Renseignements Généraux M. Yves BERTRAND en octobre 2002.

56 minutes de confidences...

Didier ROUCH : - Salut, on va aller là, tu n'as rien remarqué de spécial ?

Hubert MARTY-VRAYANCE : - Non, à un moment un gars qui me paraissait curieux, sinon rien.

DR : - Parce que je me méfie beaucoup, et j'ai des raisons ; cela chauffe, il faut vivre avec, mais là non, cela ne va plus... Je me méfie comme de la peste du téléphone.

HMV - Ta ligne elle est percée ?

DR - Car tu penses bien que celle-là, ils n'ont pas dû se gêner pour le faire. Bon, je t 'ai amené tout ce que tu voulais ; alors au téléphone, je dis des conneries, je ne te donnes rien... Excellent ce que tu m'as passé...

HMV : - Une histoire vraie.

DR : - Excellent...Tiens, les enveloppes, les photos...

.../...

HMV : - Alors c'est qui ?

DR : - Cà je le garde pour moi. Par contre, je vais quand même te donner un tuyau pour BERE. Je vais quand même te dire qui il a rencontré, avec qui il avait rendez-vous le 1er mai. Tu es bien assis ?

HMV : - Oui.

DR : - **Bernard TAPIE**...(11'08)... silence... Alors ce que je peux te dire c'est que Bernard TAPIE, deux jours avant le 1er mai, donc vers le 29-30 avril était sur le secteur de Nevers (11'25). Il se déplaçait avec deux individus qui portaient des mallettes, ostensiblement hein, avec menottes, chaînettes au poignet (11'45). Et ils s'arrêtaient dans des restaurants de campagne à l'écart (11'55), et dans l'une des auberges, ils avaient réservé une salle à l'écart, ils ne voulaient pas de clientèle...

Parce que il y a un lien de famille... il faudrait que tu vois les liens de famille sur une sœur ou une demi-sœur de Gilberte BEREGOVOY apparentée à TAPIE.

HMV : - On me l'as déjà dis cela. C'est Jeanine ?

DR : - Est-ce que cela tient la route ?

HMV : - J'ai déjà entendu cette histoire... Mais enfin, quel est le mobile ?

DR : - Le mobile ? **Le mobile, c'est que BERE devenait gênant** (12'55).

Cette conversation nous apprend que c'est le même cabinet noir qui propage la thèse fameuse – et fumeuse ! – de l'assassinat de Pierre Bérégovoy. Un marronnier journalistique qui resurgit régulièrement.

Vous n'étiez pas encore au courant ? Eh bien Pierre Bérégovoy ne s'est pas suicidé le 1er mai 1993. Il a été assassiné. Et pas qu'un peu. Trente-deux pages – trente-deux ! – adressées au directeur central des RG de l'époque, Yves Bertrand, en date du 28 février 2001, le « prouvent » sans ambiguïté.

Note blanche
T.S.D. DIAMANT

A l'attention de Monsieur le Directeur Central des Renseignements Généraux

Les mystérieux « suicides » de Pierre BEREGOVOY le 1er mai 1993 et de son « ami » le photographe James ANDANSON le 4 mai 2000 : l'ombre de services très spéciaux ; affaires d'Etat d'une gravité exceptionnelle.

Autopsie d'un crime d'Etat. Contre-enquête

Résumé : L'analyse des faits survenus en 1993, et plus récemment en 2000, ainsi que de certains témoignages recueillis directement conduisent à tirer une conclusion terrible : Pierre BEREGOVOY ne s'est absolument pas suicidé mais a été assassiné, et ce, très certainement sur instruction de l'Elysée, ou du moins avec sa très active complicité. Si les mobiles de cette élimination restent encore obscurs, il pourraient avoir trait à des raisons politico-financières, notamment le contrat d'armement « Joséphine » et la déconfiture du Crédit Lyonnais. Si l'exigence de démocratie et de transparence de notre vie publique voudrait la révélation de ces affaires, les conséquences risquent d'en être énormes et difficilement maîtrisables sur la vie politique nationale ; le secret paraît donc préférable à bien des égards. Cependant, il semble que certains journalistes, notamment étrangers, aient décidé de faire éclater la vérité et ne nous laissent guère le choix.

…/…

Introduction.

Les pages qui suivent sont le témoignage précieux et sans détours de faits que j'ai personnellement vécus concernant Pierre BEREGOVOY en tant que Directeur départemental des Renseignements Généraux de la NIEVRE de décembre 1988 à août 1992, soit en pleine gloire du personnage, et de mes très sérieuses interrogations sur les raisons de sa disparition et de leurs ramifications, qui sont à mon sens toujours d'actualité et peuvent se révéler comme une véritable bombe politique aux conséquences incalculables, tant au plan national qu'international.

…/…

On peut conclure de façon irréfutable **qu'en avril 1993, une équipe était sur la trace de Pierre BEREGOVOY** : ce dernier cambriolage à peine 15 jours avant son « suicide » atteste que des individus très audacieux cherchaient coûte que coûte à récupérer des documents.

Ces cambrioleurs coriaces ne manquaient vraiment ni d'insistance, ni d'audace. Peut-être même qu'ils ont cherché à s'introduire dans son propre appartement de la rue Saint-Martin, mais que personne n'en a rien su.

Cette fois le doute n'est plus permis : nous avons vraiment affaire à **un groupe qui surveille BEREGOVOY de très près** et cherche soit à récupérer des documents qu'il détient, soit qui veut vérifier s'il les a confiés à d'autres personnes, entreposés dans des lieux, ou si les RG avaient récupéré ces documents.

Je pense personnellement que *c'est probablement à ce moment que le meurtre de P. BEREGOVOY a été décidé*. Le piège s'est refermé inexorablement sur lui. L'équipe était déjà en train de préparer son meurtre. Je pense même aujourd'hui qu'entre ce 17 avril 1993 et ce 1er mai BEREGOVOY a dû recevoir des coups de téléphone de menace, des intimidations. Il était allé en quelque sorte s'excuser de ce qui était arrivé à son notaire.

Je pense que voulant arrêter la série de frics-fracs, au final il s'était résolu à remettre de lui-même ce qu'on lui demandait avec autant d'insistance depuis un an.

En fait, non seulement Yves Bertrand consigne au quotidien des histoires de cornecul dans ses carnets mais ses subordonnés directs enquêtent sur des affaires bouclées depuis sept ou huit ans, avec l'aide de celui qui fut directeur des RG dans la Nièvre (le département où se trouve la ville dont

Pierre Bérégovoy est le maire, Nevers), de 1988 à 1999, l'inimitable...Hubert Marty-Vrayance.

Selon la note, l'ex-chef du gouvernement, lorsqu'il a été retrouvé mort d'une balle dans la tête au bord d'un canal de Nevers, avait «*rendez-vous*» avec un mystérieux personnage venu de Paris pour échanger des documents «*embarrassants*».

Les RG remettent également en cause la version officielle affirmant que Pierre Bérégovoy s'est suicidé avec l'arme de service de son garde du corps. «*Le plus suspect*», affirment ces enquêteurs, «*est certainement l'invraisemblance entre le calibre de l'arme qui a prétendument servi à tuer, un 357 magnum, et les dégâts réellement constatés sur la tête de Pierre Bérégovoy par tout le personnel médical qui l'a vu aux urgences à Nevers*».

Nos RG évoquent, pour expliquer ce qu'ils nomment «crime d'État», plusieurs hypothèses liées au Gladio (glaive, en italien), un réseau clandestin créé au temps de la guerre froide pour organiser la résistance occidentale. en cas d'invasion soviétique.

Ils citent également François de Grossouvre, l'éminence grise de François Mitterrand, lui-même retrouvé mort d'une balle dans la tête dans un bureau de l'Élysée le 7 avril 1994.

Le Cabinet noir

Questionné par *Le Parisien*, le patron des RG, Yves Bertrand, affirme : « *Je n'ai jamais pris cela au sérieux (...) Moi je n'y ai pas cru. Tout cela c'était la thèse de Marty-Vrayance, et je n'en ai jamais rien fait.* »

Il confirmera cette version dans ses Mémoires.

Vraiment ?

Ce n'est pas le cas de tout le monde.

J'ai ainsi pu noter la coïncidence entre la circulation de cette note à la DCRG et l'apparition soudaine dans les antichambres des maisons d'édition parisiennes d'un projet éditorial reprenant la plupart des informations qui y figurent.

PROJET EDITORIAL

Pierre BEREGOVOY : Autopsie d'un meurtre d'Etat.

Ce livre choc n'est en aucun cas un roman policier ou de politique-fiction : c'est le récit implacable d'une sombre machination où l'on va découvrir que sans s'en apercevoir, la France est passée à côté d'un événement stupéfiant digne du Moyen-Age ou d'un pays du tiers-monde. Un Président de la République ordonne ni plus ni moins que l'assassinat de son Premier ministre. Ce n'est pas en Afrique ou en Amérique latine, mais dans la patrie des Droits de l'Homme en 1992-1993.

Cette enquête stupéfiante va nous amener dans les arcanes du pouvoir et de ses relations troubles avec les milieux affairistes dans les dernières années du second septennat de François MITTERRAND.

1. Pierre BEREGOVOY : assassinat programmé le 1er mai 1993.

Ce chapitre, déterminant pour la démonstration du complot, dissèque minutieusement les événements de ce tragique 1er mai 1993 : l'emploi du temps de l'ancien Pierre ministre ce dernier jour, son moral qui avait bien remonté, ses projets d'avenir, et surtout les graves incohérences de la version officielle.
Pierre BEREGOVOY n'a pas pu se tuer avec l'arme de son garde du corps : c'est ce que prouvent sans problème l'examen de ses blessures, l'absence de témoin auditif sur les lieux, le port de ses lunettes, la disparition de son carnet d'adresses et de rendez-vous personnel qu'il avait encore à 17H30, 40 minutes avant l'heure présumée du « suicide », l'absence de tout mot d'adieu à destination de ses proches, et la disparition de documents très confidentiels qu'il était chargé de remettre à un inconnu.
L'ancien ministre de l'Economie et des Finances était en fait suivi de près par l'équipe qui l'élimina. C'est ce qu'indiquent 3 mystérieux cambriolages dont furent victimes en avril 1992 le Directeur des RG de la Nièvre, le coffre-fort de l'Assemblée nationale contenant les déclarations de patrimoine des députés devenus ministres en 1988, et enfin le propre notaire de BEREGOVOY le 16 avril 1993... soit 15 jours avant le « suicide ».

Du projet éditorial au livre il n'y a parfois qu'un pas.

Ce n'est donc évidemment pas du tout par hasard que paraît, quelques jours avant les dix ans de la mort de l'ancien Premier ministre[1], un ouvrage de Dominique Labarrière, intitulé *Cet homme a été assassiné*, à La Table Ronde – la maison d'édition dirigée par Denis Tillinac, ami personnel de Jacques Chirac.

Tillinac, que j'ai questionné sur le sujet, m'a garanti qu'il n'avait absolument pas connaissance de l'origine précise des sources du livre qu'il a alors publié.

Je n'ai aucune raison de douter de sa parole.

Pourtant, c'est directement dans les « dossiers secrets » de la DCRG que son auteur, Dominique Labarrière, s'est très probablement servi. Et peut-être a-t-il agi en toute sincérité.

Un Labarrière dont les « arguments » recoupent au millimètre près ceux des notes en question.

Ainsi, interviewé par Laurent Valdiguié dans *Aujourd'hui/Le Parisien* le 15 février 2003, l'auteur délivre une analyse de son enquête qui colle totalement aux notes blanches transmises deux ans plus tôt à la DCRG : « *Je suis convaincu qu'il a été assassiné. Je pense même que le 1*[er] *mai 1993, le long*

1. Le 25 février 2003.

du canal, il avait rendez-vous avec quelqu'un (...). Il y a un faisceau d'indices troublants. Pierre Bérégovoy n'a laissé aucun mot d'adieu, alors qu'il est très proche de sa famille. Son carnet a disparu. On sait qu'il notait tout sur ce carnet et qu'il l'avait dans sa poche une demi-heure avant sa mort. Je pense donc qu'il y avait sur ce carnet la trace du dernier rendez-vous. On voit aussi, sur l'unique photo du mort sur le brancard, que l'orifice sur le sommet du crâne n'est pas très grand et ne ressemble pas à la trace que laisse, dans la majorité des cas, un 357 magnum. Il aurait fallu faire une expertise balistique. (...) Des milieux d'affaires pouvaient craindre que l'ancien Premier ministre témoigne un jour. Pierre Bérégovoy était un honnête homme. Libéré des contraintes du pouvoir, il aurait témoigné devant la justice dans un certain nombre de dossiers. J'ai découvert aussi que James Andanson, l'ancien photographe paparazzi, était à Nevers ce 1er mai 1993. Il connaissait très bien Bérégovoy et je suis très étonné qu'il ne se soit pas manifesté. James Andanson, d'après moi, aurait pu jouer un rôle dans le rendez-vous fatal, peut-être une simple mise en relation. Quand on sait que le même Andanson a été retrouvé "suicidé" dans sa voiture le 6 mai 2000, on se pose des questions. »

Pour qui a lu la note des RG dans son intégralité cette thèse est un décalque. Un copier/coller. Une intox.

Signée du cabinet noir.

On notera d'ailleurs qu'en janvier 2008 encore – il fallait bien commémorer les quinze ans... – un livre s'inspirant des mêmes bases sort en librairie. Son auteur, le sympathique Éric Raynaud, prend une direction similaire.

D'ailleurs, c'est bien simple, son éditeur n'hésite pas à écrire ce qui suit dans l'argumentaire du livre : « *Le 1er mai 2003, alors qu'on commémore le dixième anniversaire de sa mort, Éric Raynaud se penche par curiosité sur les archives de 1993. Une photo du Premier ministre le trouble : elle semble montrer un impact de balle au sommet du crâne. Il y aurait donc eu une deuxième balle. C'est-à-dire une de trop… C'est le début d'une enquête passionnante durant laquelle l'auteur se verra confirmer l'existence de ce deuxième projectile, rencontrera des dizaines de témoins, dans la Nièvre, à Paris et sur la Côte d'Azur, jusqu'à démontrer l'assassinat de Pierre Bérégovoy. Une enquête très discrète des renseignements généraux, comme il le découvrira en route (sic), arrive aux mêmes conclusions que lui…* »

Sans doute…

Reste à savoir si la similitude des conclusions ne résulte pas d'une forme d'intoxication collective.

C'est en tout cas sur la base de cette forte présomption que j'ai gentiment écarté la proposition de Raynaud lorsqu'il est venu me proposer son manuscrit. Mais après tout, pourquoi Labarrière, puis Raynaud, dont je veux bien admettre la bonne foi, auraient-ils douté du sérieux des investigations des policiers les mieux informés de la République ?

Pourquoi auraient-ils davantage douté devant les certitudes d'un enquêteur hors pair comme Hubert Marty-Vrayance?

Puisque c'est ce même officier qu'Yves Bertrand, en personne, a mandaté pour effectuer une « mission de renseignement » sur l'ennemi public n° 1, Yvan Colonna, lors de sa cavale!

Et ce, en novembre 2000, et jusqu'au Vénézuela.

Yvan Colonna?

Venons-y justement.

5. Publier Yvan Colonna !

J'avais sans doute une sorte de prédisposition naturelle pour la drôle de rencontre qui m'attendait. J'avais été l'éditeur des livres de deux figures du FLNC, François Santoni et Jean-Michel Rossi, tous deux morts assassinés, après avoir publié leurs livres chez Denoël. C'est assez naturellement vers moi que s'est tournée Myrtille – ce n'est pas son vrai nom – lorsqu'elle s'est mise en quête d'un éditeur pour l'un de ses protégés, un journaliste nommé Jean-Paul Guillaume.

C'est par téléphone qu'un premier contact s'est noué, vers janvier 2003.

Myrtille voulait me présenter quelqu'un.

Qui était-elle exactement ?

Une sorte d'agent littéraire, à ce qu'elle m'en disait, négociant en premier rideau pour le compte d'auteurs. Habitué depuis quelques années aux doux dingues en tous genres qui hantent les couloirs des maisons d'édition, je m'étais fait une raison. Je m'apprêtais à perdre un quart d'heure de plus, et à éconduire rapidement ce Guillaume qui ne téléphonait même pas lui-même et se faisait représenter par une intermédiaire. En général, d'expérience, plus les « auteurs » font des mystères, plus leur projet est bidon.

Le rendez-vous a lieu aux alentours de mars 2003.

Jean-Paul Guillaume prétend avoir de l'or en barre entre les mains. Après avoir enquêté, grâce à des sources de premier ordre (des Corses, des nationalistes, des flics, etc.), il se dit en mesure de révéler la vérité sur l'assassinat du préfet Érignac. Mieux que ça : il soutient la thèse de l'innocence d'Yvan Colonna, alors désigné comme l'assassin par ses complices présumés.

Un coupable idéal : 4ème de couverture. PROJET.

Ajaccio, 6 février 1998 : le préfet de région Claude ERIGNAC est assassiné de 3 balles de revolver par des inconnus qui laissent de façon étonnante sur place le Beretta 9 mm parabellum dérobé au gendarme Daniel Hiernaux lors de l'attaque de la gendarmerie de Piétrosella le 6 septembre 1997. Commence alors pour la police l'une des plus difficiles enquêtes depuis longtemps. Pendant quinze mois, la DNAT travaille dans le plus grand secret, jusqu'à l'arrestation d'un commando le 23 mai 1999. Mais l'assassin supposé, Yvan COLONNA, parvient à s'enfuir, ou plutôt, à « prendre du recul » comme il le dira bien plus tard.
Commence alors l'une des plus longues chasse à l'homme jamais organisée par les forces de l'ordre en France, qui aboutit à l'arrestation du berger de Cargèse le soir du 4 juillet 2003, le ministre d'alors Nicolas SARKOZY commettant une flagrante violation de la présomption d'innocence en déclarant imprudemment en plein meeting électoral que la police venait d'arrêter « l'assassin du préfet Claude ERIGNAC ».

Guillaume avait d'ailleurs déjà commencé à exercer ses talents dans *VSD* en octobre 2002. C'est d'ailleurs bien son « travail » qu'évoquent explicitement Rouch et Marty-Vrayance lors de leur fameux dîner enregistré et retranscrit (déjà cité).

Où l'on comprend que l'une des sources policières de Jean-Paul Guillaume est un certain... Marty-Vrayance. Ce monde est toujours aussi petit.

HMV : - Tu va voir dans VSD notre travail qui va sortir, tu va voir notre travail sur notre « commercial »...

DR : - Attention le travail de Guillaume va sortir ? ? Mais c'est positif ou c'est négatif ?

HMV : - Non, c'est positif. Mais n'en parle pas parce qu'il y en a marre... On a bossé dans le secret... J'ai la maquette de l'article de la semaine prochaine demain après-midi... avec les photos...

DR : - Il a approché le commercial ? (*c'était le nom de code d'Yvan COLONNA*).

HMV : - Dans 15 jours on a la lettre..

DR : - Ah oui...

HMV : - Je vous annonce des nuits bleues... cela va plastiquer... Et pour ton info, demain, Stephane, le frère d'Yvan est à Paris...

.../...

HMV : - Pour l'affaire COLONNA, vous ne pourrez pas vous passer de moi, parce que Jean-Paul, il n'y en a qu'un avec qui il veut traiter de la police, parler...c'est moi...(33'30). Il me dit tout ce qu'il fait, ses rendez-vous avec Stephane COLONNA,

DR : - Mais évitez de parler pas trop au téléphone... parce qu'ils l'ont dans le collimateur (33'49)...

Ce jour-là Guillaume m'affirme qu'il est en contact avec la famille Colonna. En plus de son enquête, qu'il prétend écrire en compagnie de Stéphane Colonna, le frère d'Yvan, il promet même de me ramener une *« cerise sur le gâteau »*. Je dois avouer que je mets quelques minutes à capter ce que signifie cette offre de « cerise » sur le brocciu. Enfin, je comprends. Guillaume dit pouvoir faire le lien avec Yvan Colonna lui-même !

Le journaliste – que dis-je ? –, l'investigateur de haut vol, assis là en face de moi dans ce tout petit troquet de la rue de Sèvres, offre à l'éditeur qui le publiera une préface inédite signée par l'homme le plus recherché de France.

Un scoop qui en dit long sur ses réseaux et leurs ramifications.

Mais il y a un hic. Il faut payer. Et cher. D'abord accompagner Guillaume en Corse, financer son séjour à la rencontre des membres du clan Colonna. Et puis, sortir un à-valoir conséquent.

Ses prétentions financières très exagérées finissent de m'achever et je laisse tomber l'affaire aussi vite qu'elle m'était arrivée. Il faut savoir dire non. Parfois cela épargne bien des ennuis.

J'apprends ensuite que Guillaume a trouvé un éditeur – Joseph Vebret à L'Archipel. Ses responsables vont rapidement s'en mordre les doigts… Quelques semaines plus tard, c'est un Joseph Vebret affolé qui m'appelle au téléphone.

N'ayant aucune compétence en matière d'affaires corses, il sollicite ma funèbre expérience d'éditeur de Santoni et Rossi.

Joseph est très inquiet, pour ne pas dire mort d'angoisse.

Nous sommes le 20 mai 2003. Jean-Paul Guillaume est en garde à vue à Paris à la DNAT (Division nationale antiterroriste) : après avoir reçu la « visite », la veille, de policiers à son domicile en province, dans la Nièvre, ceux-ci l'ont embarqué. Vebret craint d'être convoqué à son tour.

Il me raconte qu'une fois le contrat d'édition signé, il avait été convenu qu'il se rende avec Guillaume dans le bastion des Colonna. Tout au long de leur périple corse, un officier des renseignements généraux – Marty-Vrayance, évidemment! – est resté en étroits contacts téléphoniques avec Guillaume, comme s'il téléguidait le journaliste. Lui signalant même, d'après les propos de Vebret, les voitures banalisées de la police antiterroriste qui les suivraient sur l'île…

Guillaume aurait d'abord vu seul le frère Colonna. Puis une rencontre à trois, avec Joseph, a eu lieu, le dernier jour du séjour (le 16 avril) à Ajaccio. Comme Guillaume avait intimé l'ordre à son éditeur de ne rien en dire, jamais l'édition d'un livre en commun ne sera évoquée. C'est une partie de dupes. Bref, un véritable épisode tout droit sorti de *L'Enquête corse* de Pétillon.

Le Cabinet noir

La parution du *Coupable idéal* – joli titre… – devait avoir lieu au début du procès des membres arrêtés du commando Érignac, en juin 2003. Les semaines passant sans manuscrit, Vebret a commencé à douter sérieusement du sérieux de l'entreprise, d'autant plus que sa brève rencontre avec un Stéphane Colonna visiblement pas au courant du projet, loin de l'avoir convaincu, l'avait ébranlé.

C'est donc un Vebret tétanisé qui apprend l'arrestation de son « auteur », puis son transport dans la capitale en compagnie… d'Hubert Marty-Vrayance bien sûr. La manip' semble tourner court.

La prétendue préface signée Yvan Colonna avait quand même été travaillée par l'éditeur. En voici le début et la fin. Je n'en connais évidemment ni l'auteur réel, ni les véritables fabricants… Une seule certitude, ce n'est certainement pas Yvan Colonna !

Lettre à tous ceux qui m'ont condamné

avant de m'avoir jugé

On a dit et écrit sur mon compte tout et n'importe quoi. On m'a condamné avant de m'avoir jugé. Ou plutôt on ne m'a pas donné le choix : je n'ai pas eu la possibilité de témoigner, de m'expliquer, de me battre pour faire éclater la vérité, tant il était évident que les jeux étaient faits d'avance, et que ma vie était en danger. Elle l'est toujours. Une bavure est si vite arrivée…

a voulu apporter de pseudo-preuves de ma culpabilité, on a inventé des faits, envoyé des messages anonymes fabriqués de toutes pièces. À ce stade, il faut chercher à savoir à qui profite mon accusation : ainsi nous découvrirons le (ou les) véritable(s) coupable(s).Je revendique le fait d'être un homme de conviction, amoureux de son pays. J'aimerais voir la Corse devenir libre de son destin politique et de ses droits. Je dirais même que ce qui m'arrive me conforte dans mes idées. Cela ne m'a cependant pas poussé à commettre l'irréparable. Dans quel but l'aurais-je fait ? Privé de la parole par un état de " clan ", J'ai longuement réfléchi à la trajectoire que prend cette histoire. Ignorant d'autres pistes plus sensibles, la police préfère poursuivre une fausse piste. Ainsi elle ne prend pas de risque. Mieux vaut accuser un innocent, plutôt que mettre à jour des ramifications mafieuses.

Je finirai en formulant un souhait : que toutes les victimes de la répression quelle qu'elles soient, continuent à se battre et qu'aboutisse enfin notre lutte dans laquelle j'ai plus que jamais foi.

Vive le peuple corse, vive la nation corse !

Y. C.

À l'autre bout du fil, je rassure Joseph Vebret : je suis convaincu que ce qui vient de se terminer en eau de boudin n'est qu'une affaire de « Pieds nickelés ».

Je ne sais pas encore qu'il s'agit seulement des préliminaires de l'une des opérations les plus étonnantes du cabinet noir. Et que je vais me retrouver en première ligne.

6. Mademoiselle Claude.

Le vendredi 4 juillet 2003, à 19 henres 51, le ministère de l'Intérieur annonce qu'« *Yvan Colonna a été arrêté* ». C'est un indéniable succès pour Nicolas Sarkozy, à deux jours du référendum sur l'avenir institutionnel de la Corse. Mais en dépit de cette arrestation – ou à cause d'elle ? – le résultat du référendum sera négatif.

En pleine gestation de mon livre dont je termine l'écriture, ces événements ne me passionnent guère. D'août à décembre 2003, je suis emporté par le violent tourbillon médiatique qui accompagne la sortie de *Nos délits d'initiés*. Je m'éloigne très loin des histoires corses.

Alors que je pense Guillaume perdu depuis longtemps dans de profondes oubliettes, il va pourtant revenir vers moi, début 2004, par le truchement de Robin, une connaissance commune.

Mais juste avant, je suis mêlé à un petit coup tordu, qui devrait vous aider à mieux saisir le drôle de climat qui planait alors au quotidien sur les relations entre éditeurs, journalistes et cabinet noir.

Le mercredi 26 novembre 2003, j'ai un rendez-vous au café de la Croix-Rouge, chez mon ami Gérard dit Bimbo à cause de ses années marseillaises. Deux journalistes, Emmanuelle Cohen et Thomas Chagnaud, qui travaillent alors pour M6 et l'émission *Secrets d'actualité*, avaient décidé, après un reportage télévisé consacré à Claude Chirac, de prolonger leur enquête à l'écrit.

Ils avaient déjà signé un contrat chez un éditeur important et souhaitaient m'interviewer sur leur sujet d'enquête; en particulier sur la période que je décrivais dans *Nos délits d'initiés*, au cours de laquelle Claude Chirac avait eu la douleur de perdre son mari Philippe Habert. Au fil de leurs investigations, les deux journalistes avaient déjà rencontré pas mal de témoins. Je n'avais pas de scoop pour eux. Nous parlons un long moment. Je leur souhaite bonne chance. Et puis j'oublie.

Notre brève rencontre va pourtant s'avérer fatidique pour leur projet de livre.

Moins d'un mois plus tard, le samedi 20 décembre 2003, dans les colonnes d'*Aujourd'hui/Le Parisien*, une « mèche courte » est allumée, une brève de quelques lignes, publiée en pages « Culture/spectacles » :

« *Coulisse.* "Mademoiselle Claude", *tel est le titre du livre que s'apprête à publier, chez Denoël, Emmanuelle Cohen, journaliste pigiste à* Secrets d'actualité, *le magazine de M6. Cette biographie non autorisée, et plutôt corrosive, de la fille du président de la République, devrait sortir courant janvier.* Secrets d'actualité *avait consacré un reportage à Claude Chirac, il y a quelques mois.* »

C'est tout. Et, surtout, c'est tout faux. Lorsque je découvre l'écho, je suis au bord de la Manche, en vacances de Noël. Je m'étonne. D'où vient donc ce bobard? Pourquoi est-il publié? Je mesure immédiatement les conséquences de l'intox. Une biographie non autorisée ne se conçoit et ne se prépare que dans le plus grand secret. A fortiori sur la fille du président...

Pour les auteurs, c'est un mauvais coup. Plus grave, l'article vise à désamorcer leur projet, en inquiétant leur chaîne. M6 est assez peu réputée pour son empressement à défier les pouvoirs en place. *Sept ans de solitude*, *La Cassette Méry* et *Nos délits d'initiés* n'ont pas plu du tout à l'Élysée (euphémisme...). À partir d'une entrevue réelle dans un lieu public, il s'est trouvé quelqu'un pour faire croire à l'échotier du quotidien que *« cette biographie non autorisée, et plutôt corrosive »* sortirait chez Denoël, sous ma direction...

Pour M6 et pour l'Élysée, ce serait un véritable casus belli.

La suite est regrettable. Les deux journalistes vont connaître une édifiante dégringolade professionnelle. Un coup de fil « rafraîchissant » du rédacteur en chef rappelle à Thomas Chagnaud qu'ils n'ont pas le droit de publier un livre sans l'avis de M6. Les journalistes sont convoqués par le sommet de leur hiérarchie et vivement sommés de choisir entre leur activité télévisuelle et leur livre. Leur statut ne les autorise pas à effectuer d'autres enquêtes ou même à publier un livre sans autorisation expresse de la chaîne.

Emmanuelle Cohen renonce rapidement au livre, auquel elle ne tenait pas plus que cela. Quelques mois plus tard, alors qu'il avait mis provisoirement son projet littéraire en suspens mais pas lâché son idée, Thomas Chagnaud est remercié par l'émission qui l'employait – et donc de sa chaîne. Il se retourne alors vers son éditeur (le vrai !) pour décider avec lui du nouvel échéancier de son travail éditorial.

Après de nombreuses tergiversations et quelques réunions sans véritable objet, il finit par comprendre que son contrat d'édition est caduc depuis le retrait de sa consœur ; qu'il ne serait jamais modifié ; et qu'il avait tout de même perdu dans l'histoire son boulot, son livre et son sujet… Fin de l'histoire.

C'est donc ainsi qu'en France, une simple brève bidon, téléguidée dans un quotidien, suffit à enterrer un livre.

Plusieurs ouvrages sur Claude Chirac ont fini par sortir, mais juste trois ou quatre mois avant que les Chirac ne quittent l'Élysée en 2007.

Courageux mais pas téméraires, mes chers confrères !

7. La fausse arrestation de Colonna !

Jean-Paul Guillaume est réapparu dans mon paysage, en janvier 2004, par l'intermédiaire de Robin. Je ne publie pas son nom, car il a déjà eu suffisamment de problèmes pour que j'en rajoute. D'autant plus que, dans cette histoire, « Robin » n'est qu'un pion ; une grande gueule, au passé pas très catholique, mais avec un cœur énorme. Et je préfère les tontons flingueurs aux petits marquis. Donc je l'aime bien, Robin.

Il me demande d'oublier les ennuis de Guillaume, sa garde à vue à la DNAT, les emmerdes causés à L'Archipel, la présence de l'éternel Marty-Vrayance au milieu de l'histoire. Désormais, tout est différent. C'est encore plus chaud que la première fois et c'est un livre pour moi et personne d'autre. Je suis le seul à pouvoir lancer la vraie bombe qu'il a entre les mains.

Je suis d'autant plus sur mes gardes que je m'occupe du livre de l'ex-gendarme Roussel sur l'affaire Alègre : une « partie de manivelle » d'un niveau rarement atteint, avec des médias tétanisés par la présence du président du CSA, Dominique Baudis, dans le paysage toulousain. J'ai également en chantier un manuscrit du journaliste de *Libération* Karl Laske, sur l'Angolagate, *Des coffres si bien garnis.*

Il y a enfin ma propre envie de quitter les éditions Denoël pour gagner d'autres rivages.

La lassitude.

À l'occasion de la soirée d'inauguration du Salon du livre 2004, porte de Versailles, je croise Jean-Paul Guillaume. Nous convenons de nous rappeler. Ce que nous allons faire. Nous finissons par nous revoir et par discuter.

Et là, ça n'est plus du tout la même histoire.

Pour faire simple, d'après Guillaume, l'arrestation spectaculaire d'Yvan Colonna à la veille du référendum, en juillet 2003, était un coup monté au bénéfice de Nicolas Sarkozy ; du bidon pour ébahir les foules, de l'intox politique… Il se fait fort de me le démontrer, grâce à des sources directement policières.

Il se propose de raconter par le menu dans un livre, assurément explosif, comment Yvan Colonna – par ailleurs innocent – a été piégé par le ministre de l'Intérieur, Nicolas Sarkozy. Le nationaliste en cavale a d'abord été retrouvé puis approché par des émissaires du ministre. On lui a proposé une reddition en bonne et due forme. Fait une promesse. Et au moment où il allait se rendre tranquillement, les cow-boys du RAID l'auraient « sauté » comme un vulgaire malfrat, lui, l'ennemi public n° 1...

Une affaire d'État!

Si Guillaume dit vrai, nous sommes plongés dans un scénario proche de l'arrestation des Irlandais de Vincennes. Le tout à la sauce Sarkozy.

Je suis stupéfait et accroché à l'hameçon.

Ces très graves affirmations reposent sur une version qui a déjà circulé, dès le mois de juillet 2003, dans quelques rares journaux. Ceux-ci évoquaient un intermédiaire qui aurait servi à faciliter les approches : Jean Nicolas. Patron d'un trouble magazine luxembourgeois, *L'Investigateur* – une rédaction largement composée de flics et d'anciens flics –, ce dernier racontait lui-même sa version des faits dans son canard, mi-*Détective*, mi-*Minute*.

Après avoir été informé, par ses contacts en Corse, de l'état d'esprit du berger en fuite, Jean Nicolas prétendait avoir pris contact avec Bernard Squarcini, l'adjoint à la DCRG d'Yves Bertrand. Il l'aurait alors rencontré deux fois en l'espace de cinq jours dans un hôtel du grand-duché du Luxembourg.

Un autre rendez-vous aurait été organisé, cette fois à l'Hôtel Lutétia, à Paris, entre l'un des avocats du commando Érignac – Me Antoine Sollacaro – et Bernard Squarcini.

En résumé, des négociations auraient eu lieu entre les émissaires de l'ennemi public n° 1 et ceux du ministère de l'Intérieur !

En fait les choses sont bien plus compliquées. Les trois hommes se sont effectivement vus le 6 juin 2003. Me Sollacaro, prudent, s'est fait accompagner d'un autre avocat, Me Maisonneuve. Rapidement, tous les protagonistes comprennent qu'ils ont été manipulés pour que leur rencontre soit rendue publique !

Et la rencontre va opportunément fuiter.

L'information est d'abord révélée, le lendemain de l'arrestation de Colonna, par *L'Est républicain* qui publie un article ayant pour titre « *Colonna : l'hypothèse de la reddition* ». Le journal, visiblement extrêmement bien renseigné, raconte que « *des proches d'Yvan Colonna, et notamment son avocat, Me Antoine Sollacaro, ont rencontré, dans le plus grand secret, le n° 2 de la Direction centrale des renseignements généraux, Bernard Squarcini (...) Au cours de cette rencontre, qui s'est déroulée à la demande de ce dernier, il a évidemment été question du cas Colonna* ».

Me Sollacaro, furieux, comprend la manœuvre : faire croire que l'arrestation de son client a été négociée avec la police.

Le Monde revient sur le sujet dans son édition du 5 août 2003. L'article d'Ariane Chemin « *Quand* L'Investigateur, *un site Internet, jouait les entremetteurs entre les RG et l'avocat de Colonna* » relate également le rendez-vous mais en donne une autre version.

Le vendredi 6 juin l'avocat d'Yvan Colonna aurait reçu un coup de fil étrange. « *Je prends contact avec vous parce qu'un représentant de l'État français est prêt à vous rencontrer* », expliquerait Jean Nicolas à Me Sollacaro. Il s'agit de Bernard Squarcini.

« *C'est étrange, je le connais bien, il est souvent en Corse. Il a mille façons de me contacter* », répond l'avocat à Nicolas. Une minute plus tard son téléphone sonne à nouveau, c'est Bernard Squarcini. Le n° 2 des RG demande un rendez-vous à l'avocat en lui précisant, comme le rapporte *Le Monde* : « *Ne vous inquiétez pas, ça sera sécurisé et protégé.* »

Bien vu!

Ils se retrouvent donc au Lutétia.

« *On m'a dit que vous vouliez me voir.* » – « *C'est un malentendu. Je crois que c'est vous qui voulez me voir* »... Tel serait, en substance, la teneur de l'entretien entre les deux hommes, selon *Le Monde*.

Vous allez comprendre un peu plus loin comment ce vrai faux rendez-vous a été monté.

Mais ne brûlons pas les étapes.

Revenons à Jean-Paul Guillaume qui soutient donc mordicus devant moi la double thèse de l'innocence de Colonna et de sa reddition. Guillaume se donne vraiment du mal. Il est étrangement remonté contre le ministre de l'Intérieur. Comme s'il forçait le trait pour me convaincre.

Me voyant dubitatif, Guillaume s'enhardit, lors d'une autre conversation, quelques jours plus tard. Puisque je ne crois visiblement toujours pas à sa version des faits, il va me montrer des «*preuves matérielles*» de ce qu'il avance. Je vois mal de quelles «*preuves matérielles*» il peut bien disposer. Il m'explique alors qu'il s'agit de documents policiers de «*première main*».

Je tends l'oreille.

Il va bientôt m'en dire plus, mais il faut que je patiente encore.

Pendant ce temps, l'actualité politique s'accélère.

Le 31 mars, la majorité ayant perdu les élections régionales (les 21 et 28), le président de la République Jacques Chirac reconduit le Premier ministre Jean-Pierre Raffarin dans ses fonctions et le charge de former le nouveau gouvernement.

Dans ce gouvernement, Nicolas Sarkozy quitte la Place Beauvau pour Bercy, abandonnant le ministère de l'Intérieur à un certain Dominique de Villepin.

Nous y voilà…

8. Introducing... Yves Bertrand.

Puisqu'il me sent encore rétif, pour ne pas dire franchement méfiant, Jean-Paul Guillaume a une idée, une vraie, une bonne, pour me convaincre.

Il va finalement me révéler le nom de LA personne qui peut lever tous mes soupçons et me persuader de la véracité de ses affirmations. Je découvre ainsi sans trop de difficultés la vraie source de mon « futur auteur ». Yves Bertrand en personne ! Je suis totalement scotché. L'ex-patron des RG paraît insubmersible. Huit ministres de l'Intérieur sont passés ! Lui est resté. Si l'homme qui était, quatre mois plus tôt encore, l'un des flics les plus puissants de France me confirme une telle info, c'est qu'il doit y avoir de vraies raisons.

Robin et Guillaume ne sont pas peu fiers de me raconter leurs rendez-vous avec l'intéressé. Ils font d'autant plus les malins que, depuis la toute récente nomination de Dominique de Villepin à l'Intérieur, Yves Bertrand a retrouvé comme une seconde jeunesse.

Ayant atteint l'âge légal de la retraite Bertrand n'est plus directeur central des renseignements généraux depuis le 21 janvier 2004. Mais, en Conseil des ministres, il a été nommé à l'Inspection générale de l'administration (hors tour). Il a toujours ses entrées – voire un peu plus – 11, rue des Saussaies. Il a conservé un bureau place Beauvau, dans lequel il recevrait régulièrement Robin et Guillaume en leur offrant volontiers un bon whisky.

Puisque je sais désormais officiellement qui inspire les écrits de Jean-Paul Guillaume, je vais tenter un coup de poker dont je suis persuadé qu'il est injouable.

Je demande à rencontrer Yves Bertrand pour qu'il m'explique lui-même, de vive voix, ce qu'il sait des « turpitudes » de son ancien patron Nicolas Sarkozy. Je sens bien que ma demande embarrasse Guillaume et Robin, mais c'est « *donnant-donnant* ».

Pas de rendez-vous avec Yves Bertrand ?

Eh bien alors, pas de livre.

Les deux comparses, plutôt ennuyés, me promettent d'essayer. Mais ne semblent pas du tout certains du résultat.

Quelques jours à peine après ma demande, Guillaume et Robin reviennent vers moi, comme en lévitation.

Ils m'ont obtenu un rendez-vous !

« *M. Bertrand* », me disent-ils – ils l'appellent ainsi, avec une obséquiosité qui m'amuse –, me fait le grand honneur d'accepter de me voir. Il serait même « *émoustillé* » à l'idée de me rencontrer.

Nous allons déjeuner ensemble.

Fébriles, pour ne pas dire légèrement gamins, ils me sortent le grand jeu. S'il a fallu quelques jours pour que le contact se noue, c'est que l'information a dû, m'expliquent-ils, remonter jusqu'au cabinet du ministre de l'Intérieur ! Et c'est donc directement avec l'aval – que dis-je ? –, le blanc-seing voire – allons-y ! – l'approbation de Dominique de Villepin que ce déjeuner se fera.

Après tous les livres que j'ai publiés contre Chirac, il fallait au préalable lever la « fatwa ».

J'ai un peu de mal à les croire, mais bon, je fais semblant d'être impressionné et convaincu, pour complaire à mes futurs convives. Rendez-vous est pris pour le 10 mai à treize heures à l'Hôtel Régina, l'une des cantines favorites de l'ancien patron des RG.

Alors que ce déjeuner approche, la période est très agitée chez Denoël, pour d'autres raisons. La parution imminente du livre du journaliste de *Libération*, Karl Laske, *Des coffres si bien garnis*, consacré à l'Angolagate, met en émoi notre avocat, l'excellent Laurent Merlet. Nous multiplions les réunions juridiques au sujet de ce texte qui met notamment assez lourdement en cause l'ancien préfet et proche de Charles Pasqua, Jean-Charles Marchiani, ainsi que Pierre Falcone.

Falcone justement.

Robin me raconte qu'il a rencontré l'homme d'affaires et marchand d'armes lors d'un de leurs séjours communs en prison. Un tonton flingueur, vous dis-je. Ayant appris – comment, au fait ? – que je suis l'éditeur d'un livre concernant notamment Falcone, Robin se fait très pressant.

Suis-je vraiment sûr de mon coup ? N'est-ce pas de l'intox, ce bouquin ? Falcone est un «*Monsieur*». Je devrais me méfier de ce Laske. Les journalistes, on sait ce que ça vaut…

Les manœuvres et autres approches de Robin vont aller assez loin. Un jour, il vient me voir, très ennuyé. Il a un tuyau. Un tuyau en béton, très grave. « Ils » sont tellement excédés par Laske qu'« ils » lui ont mis un « contrat » sur la tête. « Ils » sont dangereux.

Je ne sais pas qui sont ces « ils », mais bon…

Alors voilà… Karl Laske va recevoir un coup de fil depuis l'étranger de quelqu'un, un homme, qui va lui proposer une rencontre.

Il faut absolument qu'il refuse.

C'est un piège.

Robin m'explique qu'il prend lui-même des risques en me livrant cette info, mais il ne veut pas que j'aie d'ennuis. Il me fait comprendre qu'en échange, il lui serait agréable de pouvoir donner le livre lui-même, avant parution, à ses « amis ». Je ne sais pas à qui précisément.

À Marchiani ? À Falcone ? Comme il essaye de me le faire gober... Ou bien tout simplement à *« M. Bertrand »*?... Cela lui permettrait sans doute de se valoriser auprès de son patron.

Je refuse l'échange. Pas possible. Pas le genre de la maison.

Mais, le jour dit, Laske reçoit bien le coup de fil annoncé. Le journaliste, quand même un peu surpris du tuyau, éconduit l'intéressé comme nous en sommes convenus. Le climat est assez lourd.

La parution du livre se rapprochant, Robin se fait chaque jour davantage insistant. Il m'explique même qu'il est désormais en danger. Ses commanditaires ne comprennent pas que Robin, qui me connaît bien, ne parvienne pas à récupérer le bouquin, ou des épreuves, puisque j'en suis l'éditeur. Je pourrais quand même faire un effort...

Le Cabinet noir

C'est dans cette bizarre ambiance barbouzarde que je me dirige le 10 mai 2004 vers l'Hôtel Régina.

9. Une maternelle à Neuilly.

J'ai un grave défaut. Je suis toujours en avance. C'est un peu pathologique. Par chance, ce jour-là je ne suis pas le seul. Robin est lui aussi « sur zone » avant l'heure. Nous allons donc boire un café, vers 12 heures 15, et *« préparer la rencontre »* avec Yves Bertrand, prévue trois quarts d'heure plus tard au Régina.

Le récit qui va suivre est rigoureusement exact, même si j'ai un peu de peine à le retranscrire noir sur blanc, à froid.

Robin, l'ancien taulard, a-t-il été totalement tourneboulé par ses fréquentations policières – maraboutté même ? Aujourd'hui, avec le recul, je suis convaincu qu'il a fini par croire lui-même que l'histoire qu'il me sert en apéritif est vraie. « On » l'en a persuadé, puis il s'en est autopersuadé.

On peut aussi voir là une forme de préparation à l'entrevue avec Yves Bertrand. Une sorte de conditionnement est en route. Pour me convaincre que Sarkozy est le diable – ce sera en fait l'objet principal du déjeuner –, il faut charger la mule, et la charger lourdement.

La barre est placée très haut.

Plus haut, ça n'existe pas.

Je raconte ce qui suit de mémoire, mais je la sais très fidèle tant le récit que j'ai entendu m'a stupéfié sur le moment. Choqué en fait.
Robin m'entreprend donc rapidement, dans ce petit troquet.

– Tu sais. Il y a une histoire. Il faut que je te la raconte. Avant le rendez-vous. J'ai croisé pas mal de monde. Il y a un truc que je ne t'ai jamais dit. Voilà. J'ai un ami. Il est en Afrique. Il a fui, il y a une dizaine d'années. Voilà pourquoi. C'était en 1993. Un jour, « ils » sont venus le voir pour lui proposer une affaire.

– Ils ?

– Ils !

– …

– Voilà, il s'agissait d'une mission pourrie. Il fallait prendre des gosses en otages dans une maternelle. Les y garder un peu. La police interviendrait. Tout se passerait bien pour lui. Il ne lui arriverait rien. Un peu de taule et puis on le laisserait filer discrètement. On lui a proposé pour ça une forte somme d'argent pour jouer le rôle du preneur d'otages. Il est venu me demander mon avis. Je lui ai conseillé d'accepter, mais de demander la somme en deux fois. Une partie avant l'action. La deuxième après. Je lui ai recommandé de prendre la première moitié de l'oseille et de se tirer de France. C'est ce qu'il a fait. Il est en Afrique. Il veut rentrer.

Et tout raconter.

Dans un livre évidemment…

Je me suis efforcé de ne montrer aucune émotion. Impassible. Sans ciller. Pas bouger. Comme si je n'étais pas surpris. Puis j'ai lâché, là, dans ce café qui sentait la cigarette froide et le skaï poisseux, en touillant mon sucre indéfiniment : « Mais tu me parles de l'affaire de la maternelle de Neuilly ou quoi là ? »

Petit rappel : L'affaire de la maternelle de Neuilly c'est la prise en otage d'une classe de maternelle, en 1993, par un informaticien plutôt dépressif, Érick Schmitt, qui se fait alors appeler HB (Human Bomb). Le 13 mai 1993, à neuf heures et demie, un homme en noir, la tête cachée par un casque de motard et une cagoule, fait irruption dans une classe maternelle du groupe scolaire Commandant-Charcot. Armé d'un pistolet d'alarme et d'explosifs, il menace de tout faire sauter s'il n'obtient pas une rançon de cent millions de francs. Il retient vingt et un enfants et leur institutrice. Le

RAID est rapidement sur les lieux. Les médias s'emparent de l'affaire. La prise d'otages devient un événement national notamment lorsque Nicolas Sarkozy, tout récent ministre du Budget d'Édouard Balladur – nouveau Premier ministre de cohabitation –, intervient, en tant que maire de Neuilly, pour obtenir que le preneur d'otages relâche progressivement des enfants.

On voit même Nicolas Sarkozy à la télévision sortir de l'école en portant un enfant dans ses bras. Tout le monde vante son courage et son incroyable dévouement. Un formidable coup de projecteur pour un politique en devenir. Finalement, au cours des négociations, HB libère peu à peu la plupart des enfants, jusqu'à n'en garder que six. Après deux jours de tensions, le RAID passe à l'action. Le matin du 15 mai, le preneur d'otages s'assoupit. Huit policiers pénètrent dans la salle de classe pour sortir les six derniers enfants. Durant l'intervention, HB est tué de trois balles dans la tête. La polémique enfle. Pouvait-on ne pas le tuer ? Charles Pasqua, alors ministre de l'Intérieur, fait le dos rond.

Ce que j'entends sur cette affaire onze ans après est donc sidérant ou plus exactement délirant.

Je devrais tout de suite partir en courant… Mais je reste.

Et Robin continue :

– Comme le gars s'est tiré avec la moitié du pognon, « ils » sont allés chercher un type fragile dans un hôpital psychiatrique. « Ils » l'ont briefé. « Ils » l'ont balancé dans la maternelle en lui promettant du pognon à lui aussi et pour finir…

– … Il est mort.

– Mais le problème-là, c'est que mon pote, lui, il veut rentrer et tout balancer…

En guise de léger préambule à un déjeuner consacré aux vilénies de Nicolas Sarkozy et consorts, pouvait-on trouver mieux ?

Je suis servi. Cet homme et sa clique ont même été capables d'organiser une prise d'otages fictive dans une maternelle pour parvenir à leurs fins)… Robin ajoute qu'il a « évoqué cette histoire » avec Yves Bertrand qui « semble très au courant ». La formule m'amuse, mais, là, je ne souris pas. Je suis effaré. Et consterné. Ce brave Robin s'est totalement fait embobiner. Il ne peut pas croire un truc pareil.

Et moi, où suis-je en train de mettre les pieds ?

Trop tard. Il est l'heure de notre rendez-vous.

10. Déjeuner avec « M. Bertrand ».

Nous arrivons sur place avant Yves Bertrand.

Jean-Paul Guillaume, tendu, nous a rejoints. Sur le chemin du restaurant j'ai expliqué à Robin qu'en aucun cas je ne paierais l'addition. Ce n'est pas un problème d'argent. Juste une affaire de principes.

Il lui faudra donc se débrouiller. Il semble contrarié. Pas mon problème. Je jette un regard panoramique à la salle : nous sommes entrés par le bar de l'hôtel. Pas de visages connus. Pourtant, ce déjeuner va fuiter dans Paris en soixante-douze heures chrono. Maladroit, je commence par m'asseoir à la place attitrée de « M. Bertrand ». Le serveur me l'explique. Je me relève.

Il va arriver. Il arrive. Il est là. Impossible de le manquer. Ses cheveux gris. Ses paupières lourdes. Son visage sans lèvres. Nous prenons place. La conversation s'engage. Après avoir parlé de tout et de rien puis choisi les plats, nous en venons assez rapidement au sujet du jour.

Je me tourne vers Yves Bertrand, assis à ma droite.

Que peut-il me dire du travail de Jean-Paul Guillaume et de cette fameuse arrestation d'Yvan Colonna ?

En prononçant ces paroles, je me rends bien compte de l'incongruité totale de la situation. Assis autour de la même table : Robin, ancien taulard au grand cœur, Guillaume, journaliste, plutôt cramé, il y a peu encore en garde à vue dans les locaux du ministère de l'Intérieur, Bertrand, ex-patron des RG en personne. Sans parler de moi, considéré comme un vilain adversaire des patrons de ce dernier.

Bertrand me met rapidement au parfum, sans la moindre équivoque.

Oui, « *M. Guillaume* » dit parfaitement vrai. Il est même prêt, lui, Yves Bertrand à « *collaborer* » au bouquin. « Comment cela ? » Oh, bien sûr, pas officiellement. N'exagérons rien. Mais il veut bien en relire les épreuves et valider toutes les preuves qu'il contiendra.

Tout est donc vrai : Sarkozy a menti ; Colonna voulait se rendre ; son arrestation est totalement bidon ; cela s'appelle une affaire d'État. Guillaume et Robin sont souriants et triomphants. Je suis estomaqué par ce que je suis en train de vivre. Je ne peux pas m'empêcher de lâcher :

– Mais c'est vraiment la guerre alors ?

Bertrand finasse, ne me répond pas vraiment. Mais si ce n'est pas la guerre entre les chiraquiens et les sarkozystes, ça y ressemble quand même furieusement. Pour qu'un Yves Bertrand vienne, en personne, « vendre » un tel dossier, et à moi en plus !

Nous évoquons ensuite au cours du déjeuner les nombreux travers de Nicolas Sarkozy et de son épouse, Cécilia. Bertrand paraît intarissable sur le sujet. Il s'amuse d'un article du *Canard enchaîné*, publié cinq jours plus tôt (le 5 mai 2004). Ce dernier évoque le caractère somptuaire de la récente installation de la famille Sarkozy à Bercy.

Bertrand semble connaître le papier par cœur. Il boit du petit-lait (entre les verres de vin quand même...). D'après *Le Canard* rien ne serait trop beau pour les Sarkozy. Yves Bertrand s'indigne ainsi des cinq écrans plasma – entre trois et cinq mille euros pièce – qu'aurait réclamés Cécilia Sarkozy. Puis il ironise sur le partage des appartements de fonction installés dans « l'hôtel des ministres ». Cécilia aurait annexé le duplex de deux cent soixante-quinze mètres carrés situé aux huitième et neuvième étages. Ce n'est pas tout. Deux appartements auraient été affectés, l'un à la fille aînée de Cécilia, l'autre à une employée de maison personnelle du couple. François Loos, le ministre délégué au Commerce extérieur, qui occupait l'appartement de deux cent soixante-quinze mètres carrés, aurait lui été prié de faire ses valises. Enfin, alors que jusqu'ici les huissiers travaillaient en costume cravate, désormais la tenue d'apparat avec queue-de-pie et chaîne en argent ferait l'ordinaire.

Après ce monologue dont je finis par me demander si Bertrand l'a appris par cœur ou s'il l'a plus trivialement inspiré, je reprends la parole. Bêtement bravache, je lui fais remarquer que l'on est tout de même encore très loin des fameux frais de bouche de ses amis Jacques et Bernadette Chirac à la Mairie de Paris, ou de leurs incessants voyages dans des palaces exotiques payés en liquide…

Il ne relève pas la pique et s'affaire studieusement dans son assiette. La situation est de plus en plus surréaliste.

Bertrand tacle les Sarkozy en permanence. Guillaume et Robin n'en perdent pas une miette.

Je réponds systématiquement en évoquant les Chirac. Nos amis n'osent alors plus piper mot.

Le repas avance. Je m'enhardis de plus en plus et j'en viens à évoquer « l'affaire japonaise » – le compte secret de Jacques Chirac qu'aurait déniché la DGSE – et puis l'enfant caché qui pourrait bien exister.

Puisque Yves Bertrand ne peut pas ignorer que je suis l'auteur de *Nos délits d'initiés*, dans lequel je posais par courrier au président de la République la question de l'existence éventuelle d'un enfant naturel au Japon, je décide de faire une suggestion à Yves Bertrand.

Il me regarde. Il a l'œil un peu bas. Je le trouve amorti. Le vin peut-être. Ou juste la fin du repas. Le début de la digestion.

Je me lance :

– Si Jacques Chirac veut se faire réélire une troisième fois, il n'a qu'à révéler aux Français qu'il a un enfant illégitime. Comme Mitterrand. Ils vont adorer ça. Il faudrait le lui conseiller, et de ma part… Et puis, si jamais il se décide à le faire, il faut me donner l'info. Après tout je la mérite bien.

Un silence suit ma provocation de sale gosse. Bertrand grommelle un discret « Vous croyez ? ». Mes deux autres amis ont piqué du nez.

Je change de sujet. Je lui annonce la venue à Paris, dans les jours qui suivent, de mon auteur, l'ancien gendarme Michel Roussel, concernant des suites de l'affaire Alègre, avec un programme médiatique chargé.

Je préviens Bertrand que ça va vraiment chauffer dans quelques jours. Les réflexes ou les vieux démons – c'est selon – resurgissent. Bertrand sort promptement une petite fiche blanche cartonnée de sa poche revolver, un stylo, et il me questionne. Un vrai flic quoi. Il prend en note scrupuleusement chaque « information » que je lui donne. Dans quelle émission Roussel va-t-il passer ? Sur quelle antenne ? À quelle heure ? Qui va-t-il mettre en cause ? Que va-t-il révéler ?

Je décide de m'amuser. Je feins d'en savoir beaucoup. En temps réel, j'invente la moitié de ce que je dis. Il prend des notes[1]. Il semble en connaître un rayon sur l'affaire de Toulouse, mais reste silencieux.

Arrive le délicat moment de l'addition. Je regarde loin devant moi.

Robin tord le nez mais paie par chèque.

Bertrand n'a pas esquissé le moindre geste pour régler la note. Pas le genre de la maison ? À moins que l'Inspection générale de l'administration soit moins prodigue en notes de frais que la Direction centrale des renseignements généraux.

Nous nous quittons presque bons amis.

Je suis stupéfait.

Je viens de comprendre en un seul déjeuner le climat de haine et de sauvagerie qui entoure les relations des chiraquiens et des sarkozystes.

---

1. Il est regrettable que ses carnets s'arrêtent en 2003, parce que je donnerais cher pour lire le compte-rendu de notre déjeuner !

10. Déjeuner avec « M. Bertrand ».

Et je n'ai encore rien vu.

Guillaume, dont la thèse est désormais légitime à mes yeux, après la rencontre avec Yves Bertrand, me promet son manuscrit pour bientôt.

Avant l'été…

Robin, lui, pense toujours uniquement à récupérer au plus vite le livre de Karl Laske sur Pasqua, Marchiani, Falcone et l'Angolagate. Il ne va plus me lâcher avec ça.

Je rentre au bureau, excité.

Je vais bientôt quitter Denoël pour monter ma propre maison d'édition. Je fais vraiment un métier formidable.

Pauvre pomme.

11. Dans le mille.

Je ne vais pas vous mentir.

J'ai cru Yves Bertrand. Ou plutôt, j'ai bien voulu le croire. J'ai écouté le délire de Robin sur la maternelle de Neuilly sans broncher. Sans le traiter de dingo.

Et surtout sans partir en courant le plus loin possible. J'étais passé de l'autre côté du miroir. Comme dix, vingt ou cent autres avant moi (des journalistes, des politiques ou même des éditeurs), je suis sorti de mon déjeuner avec Yves Bertrand totalement secoué.

Rendez-vous compte !

L'homme le mieux informé de France a pris le risque de me confier un secret d'État. J'ai édité les bêtes noires de Jacques Chirac – la cassette Méry, Halphen, Montebourg –, lancé une polémique sur les innombrables voyages privés du président au Japon, et on va me confier une bombe journalistique, connue d'une poignée d'initiés. Personne d'autre que moi n'est sur le coup !

Moi qui ne vis que pour l'info.

Pourtant je n'avais vu aucun document. Pas la moindre preuve. Bertrand ne m'avait rien montré. Il m'avait juste confirmé une histoire d'autant plus crédible qu'elle était incroyable. La personnalité, la carrière, l'autorité, la légende et le pouvoir de celui qui avait attesté devant moi ce secret m'ont bluffé.

Je venais de tomber dans le panneau du roi de la manip'.

Comme un bleu.

Et donc… J'ai fait comme tous les autres.

J'ai d'abord commencé par répéter bêtement cette « bonne histoire » autour de moi. Parce que je la trouvais bien trop grosse pour moi. Trop énorme pour la garder secrète. C'était le premier effet recherché. La marque de fabrique du cabinet noir. Que l'histoire qu'ils ont soufflée ici ou là, à des points stratégiques du Barnum médiatique, circule.

Que la rumeur prenne. Qu'elle enflamme la ville.

Depuis plusieurs foyers différents.

Je suis vraiment le client rêvé.

Antichiraquien identifié et repéré comme tel : il était extrêmement intéressant de faire de moi le dépositaire de rumeurs sur Sarkozy. Personne ne pourrait imaginer l'espace d'un instant que je puisse servir les intérêts des chiraquiens !

Bien vu.

Mais dans cette histoire je suis aussi une cible. Oh, bien sûr, une petite cible de moindre envergure. Mais c'est un petit objectif quand même. L'un des buts du jeu de rôles est de me faire véhiculer une histoire qui peut rapidement m'exploser à la figure.

Pour me griller.

Me discréditer. Se venger. Tout en me faisant gentiment participer au « bruit de fond » anti-Sarkozy doux à ses oreilles.

De la belle ouvrage. Du billard à trois bandes. À la Bertrand.

Guillaume, lui, ne semble pas se rendre compte, non plus, qu'il est totalement instrumentalisé. Il pense tenir là la chance de sa vie ! Un best-seller lui tend les bras. Les rédactions vont enfin lui ouvrir toutes grandes leurs portes.

Quant à Robin, lui, ce qu'il veut, c'est juste récupérer un exemplaire du livre de Karl Laske. Pour le donner à lire à quelqu'un avant sa parution.

À qui déjà, au fait ?

12. Angolagate.

C'est par un coup de fil tout à fait inhabituel que j'ai appris la nouvelle.

Quelques jours après le déjeuner du Régina. Les services de Denoël reçoivent un appel étrange de Lagny, où est installée la Sodis, le distributeur des livres de la maison. Dans cette « gare de triage » de l'édition, les bouquins tout juste sortis de l'imprimerie sont entreposés quelques jours pour être ensuite dispatchés et transportés vers les librairies. L'opération dure une bonne semaine.

C'est durant ce moment que les livres « chauds » sont très vulnérables. Un bon lancement repose sur un effet de surprise. Accessoirement il est très rare que la Justice empêche la parution d'un livre après sa mise en vente. Si un livre accusateur tombe entre les mains d'un bon avocat et qu'il est présenté à un tribunal en référé (une procédure d'urgence), le magistrat peut avoir la tentation de bloquer sa parution jusqu'à l'étude complète du manuscrit. Ce qui prend des mois. Et tue le livre.

Justement, à Lagny, un incident a eu lieu. Trois hommes sont venus dans la nuit, sur le coup de deux heures du matin, pour essayer d'amadouer le gardien avec de gros billets. Ils voulaient obtenir un exemplaire du bouquin de Karl Laske. Cela devient une manie ! Munis de cartes de presse siglées Canal Plus (ce qui n'existe pas), ils ont proposé plusieurs centaines d'euros au gardien qui les a éconduits.

Je finirai par comprendre que parmi ces visiteurs du soir se trouvaient… Robin et Guillaume. Robin ne s'est pas fait prier longtemps pour avouer son exploit devant moi. Mais leur coup a raté.

Robin est venu me voir deux ou trois jours plus tard. À ce moment-là, je ne sais pas encore qu'il a fait partie de l'équipée nocturne. Dès qu'il arrive, je comprends que quelque chose ne tourne pas rond. Il n'est pas du tout déconneur comme à son habitude. Pas dans son assiette. Il a peur d'avoir été suivi. Il n'a pas pris sa voiture. Il est blême et transpirant.

S'il m'a joué la comédie ce jour-là, Robin peut directement postuler pour un Oscar.

Il me sert une nouvelle histoire. Il attend une décision de justice. D'un procureur. D'un juge ? Je n'ai pas vraiment tout compris. Ce n'est pas clair. Ce n'est pas fait pour. En gros : soit il ramène le livre et « ils » lui ont promis que la décision irait dans le bon sens pour lui ; soit il fait chou blanc et retourne au trou.

« Ils » ?

Son éventuel retour à la case prison dépend donc de moi. Un chantage affectif efficace. Nous sommes à soixante-douze heures de la sortie du livre, qui ne me paraît pas risquer d'interdiction. Je vais voir Olivier Rubinstein, le patron des éditions Denoël. Je lui raconte toute l'histoire. Yves Bertrand. La Corse. Colonna. Sarkozy. Robin. Guillaume. La prison. Pasqua. Marchiani. Falcone. Le livre. Yves Bertrand encore. Et nous décidons tous les deux de lui donner un bouquin[1].

Sans rien dire à personne.

Une faiblesse évidemment coupable – la mienne – et une entorse à nos usages, mais Robin me fait vraiment pitié et peur à la fois.

Je le rappelle.

Il vient aussitôt chercher sa grosse enveloppe dans le café miteux où j'avais rencontré Guillaume la première fois. Il

1. C'est justement à l'occasion du procès de l'Angolagate que les carnets d'Yves Bertrand ont fuité dans la presse. Ils ont été aussitôt versés au dossier.

me remercie, les larmes aux yeux… Comédie ? Je ne sais pas. Je n'ai jamais su.

Il me rappelle quelques jours plus tard. Il est définitivement libre. Un fax était tombé qui lui assure la liberté (?). Cela me semble loufoque. Et en même temps, je suis troublé.

L'édition ?

Un job magnifique.

Je vais bientôt monter ma propre maison.

13. Offre de service.

Attention ! Je n'ai pas été le témoin direct des événements que je vais décrire.

Ce récit, c'est notamment Patrick Rougelet qui me l'a rapporté un an plus tard. Les détails m'ont été confirmés ensuite par d'autres témoins présents…

Chronologiquement, ces faits surviennent quelques jours après le déjeuner du Régina et la récupération par Robin du bouquin de Laske (soit entre le 28 et le 30 mai 2004). La scène se passe à Cosne-sur-Loire. Un salon du livre assez important s'y tient. J'y étais invité comme auteur. Au dernier moment, je n'ai pas pu m'y rendre.

Qui est Patrick Rougelet ?

Disons, pour faire court, que c'est un ancien policier qui a été accusé d'avoir tenté de monter un dossier contre son patron, Yves Bertrand. Ce commissaire des renseignements généraux a été révoqué de la police, le 28 février 1996, par un décret du président de la République. Il s'est confronté à la machine Bertrand et il a été broyé menu. Taillé en pièces.

Depuis, Rougelet s'est défendu comme il a pu. Il a publié un livre courageux[1] puis s'est spécialisé dans l'opposition systématique aux équipes Bertrand. Lorsque j'ai commencé à m'intéresser aux sbires et aux méthodes de Bertrand, Rougelet m'a contacté. Il tente ainsi systématiquement d'épauler tous ceux qui peuvent l'aider dans son combat pour sa réhabilitation.

Tout naturellement cette opposition à Bertrand l'a rapproché un temps (de juin 2002 à 2004) des équipes de Nicolas Sarkozy. Il aurait même « gentiment » fourni des informations sur les activités du cabinet noir à des sarkozystes tout en publiant secrètement dans *L'Investigateur* de Jean Nicolas (décidément…) des papiers, aussi assassins que désopilants, sur son ancien chef, sous le titre de *Bertrand's Story*.

Bien sûr, Rougelet est un peu obnubilé. Mais la violence sociale du traitement de choc qu'il a subi rend sa fixation sur Bertrand compréhensible.

Surtout c'est une vraie mine documentaire pour ceux qui enquêtent sur le cabinet noir. Presqu'aucun livre ou article de presse, évoquant ces questions, ne s'est fait sans qu'il apporte sa pierre à l'édifice.

---

1. *RG, la machine à scandales* (Albin Michel, 1997).

C'est donc à l'occasion de l'un de nos rendez-vous à son domicile, à quelques encablures du ministère de l'Intérieur et de l'Élysée (!), qu'il me raconte les faits suivants.

Rougelet rentre du salon du livre de Cosne-sur-Loire.

Il y est tombé sur Robin et Jean-Paul Guillaume. Rougelet a d'abord le sentiment que Guillaume lui tourne autour. Puis « le journaliste » finit par l'aborder de front et lui tient des propos directs. Guillaume lance à Rougelet qu'il sait bien qu'il n'aime pas Yves Bertrand – on appréciera l'euphémisme.

Mais – très bien renseigné – il reproche ouvertement à Rougelet de travailler pour Sarkozy : « *Tu travailles pour quelqu'un de très sombre* », lui lâche-t-il. Il lui explique alors qu'il a tort sur toute la ligne. Que Robin et lui rencontrent régulièrement « *M. Bertrand* » au ministère de l'Intérieur. Qu'il est toujours doté d'un « *immense pouvoir* ». Il est même le « *représentant de la police privée de Chirac* » (sic).

Un aveu intéressant.

Surtout, ajoute alors Guillaume – et on arrive à l'essentiel –, « ils » sont tous en train d'« enquêter » sur Sarkozy. Et Guillaume – trop bavard ? – d'évoquer de prétendus placements mobiliers en Suisse, car Sarkozy aurait des comptes à l'étranger (au Luxembourg notamment). Il semble bien à Rougelet que son interlocuteur évoque là l'affaire Clearstream mais sans la nommer (et pour cause puisque le dossier n'a pas encore été transmis au juge Van Ruymbeke!).

Les âmes damnées du cabinet noir balancent aussi quelques boules puantes sur le père de Nicolas Sarkozy. Ce dernier aurait fait fortune en Hongrie grâce à de l'argent de la Gestapo! Je vous passe ici les détails nauséabonds qui se retrouveront providentiellement sur Internet, dans pas mal de forums de discussion, durant la campagne présidentielle 2007.

Contre toute attente, Guillaume propose alors à Rougelet de tourner casaque et de travailler avec eux. Rougelet le renvoie dans les cordes. D'autant plus qu'il vient d'apercevoir dans les parages un certain... Hubert Marty-Vrayance. Marty-Vrayance semble traîner de nouveau avec Guillaume.

Le lendemain matin, c'est Robin qui « tamponne » Rougelet. Il est seul. Sans Guillaume. Et là, le discours de Robin est différent de celui entendu par Rougelet la veille. Il se présente alors comme n'étant pas un « *ami* » de Bertrand. Certes il bosse pour lui, mais il semble se demander ce qu'il en est vraiment. Surtout, et c'est tout le paradoxe de Robin, il s'étonne qu'un « *gars pareil* », fasse appel à lui. En plus, sa femme ne le « *sent pas* » ce Bertrand!

Robin a parfaitement raison. Il est très étonnant qu'Yves Bertrand ait recours à un « *gars comme lui* ». Ou à un type comme Guillaume. Ou à Marty-Vrayance. Ou à Didier

Rouch. Ou à Jean-Paul Cruse... Ou à tant d'autres. Des équipes qui agissent sous les ors de la République, au service personnel du clan au pouvoir.

Rougelet ne rejoindra pas le cabinet noir.

Il a déjà donné.

14. « Nagy-Bocsa ».

C'est exactement quinze jours plus tard, le 14 juin 2004, que le nom du père de Nicolas Sarkozy (Nagy-Bocsa) apparaît dans les fameux listings de l'affaire Clearstream.

Parmi les huit cent quatre-vingt-quinze comptes : R6439 STÉPHANE BOCSA, R6440 PAUL DE NAGY.

Le Figaro a connaissance de ce courrier et c'est une de mes « connaissances » (*sic*), Éric Decouty (voir chapitre 2), qui l'évoque le premier (le 23 juin 2004) : « *Trois hommes politiques de premier plan – deux de gauche et un de droite – ainsi qu'un proche parent d'un ancien ministre sont accusés d'avoir bénéficié de comptes douteux.* » *Le Point*, quelques jours plus tard, enfonce le clou en évoquant « *le père d'un membre du gouvernement* ».

Dès l'origine, Nicolas Sarkozy soupçonne le cabinet noir d'être au cœur de cette manipulation.

Des sarkozystes du tout premier cercle expliquent alors que les faux listings qui ont servi de base à l'enquête du *Point* (expurgés au tout dernier moment des noms de personnalités) auraient été directement fournis par Yves Bertrand à l'un des journalistes qui signent l'article… Des preuves matérielles existeraient en ce sens : au moins la trace dans les registres du passage au ministère de l'Intérieur de ce journaliste. L'accusation est précise. Mais je n'ai pas les moyens de la vérifier.

Yves Bertrand, dans *Libération* (en juin 2006), a livré sa version.

Il se défend d'avoir jamais trempé dans l'affaire Clearstream : «*Je ne suis pour rien là-dedans, à 100 %. On dit "Yves Bertrand est dans le coup" parce que je suis réputé proche de Chirac. (…) Fin 2003, un journaliste est venu me montrer le listing de Clearstream mais ce n'était pas un listing trafiqué. Il y avait trois cents pages. Je l'ai examiné. Un informaticien des RG m'a dit : "Ça ne vaut rien." Et je le lui ai rendu. (…) Nicolas Sarkozy m'a invité à venir le voir. Il m'a dit : "Il faut arrêter de comploter." Je lui ai répondu que je n'avais rien fait. (…) J'ai été convoqué parce que quelqu'un était venu me démolir (…). – Je n'ai jamais eu de "cabinet noir". Dominique de Villepin, je ne le vois plus, je le voyais quand il était Secrétaire général de l'Élysée. Il ne m'a jamais sollicité sur des affaires de ce type. (…) J'ai fait des coups dans ma vie, mais pas celui-là.*»

Une interview qui, pour la petite histoire, est réalisée pour *Libération* par Karl Laske, auteur du livre, tant convoité, sur l'Angolagate.

Petit monde.

Bertrand dit qu'il ne « voit plus » Villepin. Il fait donc totalement l'impasse sur la période (à partir du 31 mars 2004) où Dominique de Villepin est devenu ministre de l'Intérieur, et où Bertrand, désormais inspecteur général de l'administration, reçoit encore ses « bons amis » dans un bureau de la Place Beauvau, pour discuter devant un bon verre de whisky… Certes, le ministère est grand et ses annexes étendues, mais dans ce *« je ne vois plus Villepin »* il y a comme un bizarre petit détail qui ne colle pas.

Bertrand ne servira d'ailleurs pas une autre soupe aux journalistes qui le questionnent sur le même sujet pour un livre (*Nicolas Sarkozy ou le destin de Brutus*) qui paraîtra avant la présidentielle : « *Officiellement, Yves Bertrand, affecté à l'Inspection générale de l'administration, n'est plus dans la course. Il dément aussi toutes les rumeurs qui ont circulé sur ses prétendues activités parallèles depuis qu'il a quitté sa tour de contrôle de la rue des Saussaies. Ainsi donc, il n'a jamais lancé d'enquête en Hongrie sur la famille Sarkozy. Ni "toute forme d'enquête concernant de près ou de loin Nicolas Sarkozy". "Je n'ai jamais enquêté sur lui", affirme Yves Bertrand.* »

J'ai dû rêver moi alors.

On ne s'est donc pas rencontrés en mai 2004.

Yves Bertrand n'a pas passé un déjeuner entier à balancer sur les Sarkozy.

Il ne m'a pas non plus confirmé que l'arrestation de Colonna était du bidon. Et que je devrais publier le livre de Guillaume qui le démontre.

Un livre qu'il relirait et validerait…

Ricanement de l'histoire, ce livre qui véhicule les maladroites dénégations de Bertrand a été justement publié chez Denoël ; et dans la collection même que je dirigeais encore un an et demi plus tôt !

Mais parmi les six journalistes qui ont épousé le pseudonyme collectif de « Victor Noir », qui apparaît sur la couverture, il ne s'en est malheureusement pas trouvé un seul pour solliciter mon témoignage.

15. Encore une « affaire d'État » !

Je quitte Denoël le 30 juin 2004.

Parmi les projets que j'espère mener à bien dans ma future maison d'édition figure toujours (eh oui…) le satané bouquin de Jean-Claude Guillaume. Un éditeur garde toujours au fond de lui l'espoir d'un « gros coup ». Guillaume n'en finit plus de me garantir son arrivée imminente, mais je ne vois jamais rien venir.

Le 8 juillet 2004, la spectaculaire couverture du *Point* frappe les esprits : « *Frégates : L'affaire d'État qui fait trembler toute la classe politique* ».

L'enquête publiée par Jean Guisnel, Jean-François Jacquier, Laurent Léger et Lucien Lambert débutait ainsi : « *Deux lettres anonymes adressées au juge Renaud Van Ruymbeke mettent en cause anciens ministres, préfets, patrons, membres des services de renseignement... L'establishment français est éclaboussé par un vaste système de blanchiment présumé qui passe par la "banque des banques", Clearstream, domiciliée au Luxembourg. Révélations.* »

Quelques semaines plus tard, les principaux noms des personnalités mises en cause sortent. Parmi eux, Nicolas Sarkozy – identifié donc par le patronyme de son père. Une histoire de compte bancaire qui ressemble à ce que Guillaume aurait raconté à Rougelet, à Cosne-sur-Loire, dès le 30 mai 2004.

Franz-Olivier Giesbert affirme avoir été reçu par Dominique de Villepin Place Beauvau, qui le traite de « *dégonflé* » pour ne pas avoir mis les noms. Il aurait ajouté : « *Sarkozy, c'est fini. Si les journaux font leur travail, et s'ils ont des couilles, il ne survivra pas à cette affaire-là.* » Le propriétaire du *Point*, François Pinault, grand ami de Jacques Chirac, passe même un coup de fil au directeur de la rédaction, Michel Colomnes, pour le féliciter du scoop. C'est la première fois qu'il se manifeste depuis qu'il a racheté l'hebdo en 1997.

Le piège semble se refermer sur Nicolas Sarkozy qui s'est attiré les foudres du président pour avoir déclaré son intention de se présenter à l'élection présidentielle de 2007 et affirmé qu'il briguerait la présidence de l'UMP.[1]

1. Denis Robert, *Clearstream, l'enquête*, les Arènes, 2006, p. 121.

Alors que le juge Van Ruymbeke s'apprête à envoyer des commissions rogatoires concernant des comptes de Stéphane Bocsa et de Paul de Nagy, Jacques Chirac, dans son entretien télévisé du 14 juillet 2004 met en demeure Nicolas Sarkozy (de Nagy-Bocsa) de choisir entre la présidence de l'UMP et son ministère. L'œil noir, Jacques Chirac lance même, à l'intention de son ministre, un ordre martial – *« Je décide, il exécute »* – d'une rare violence.

Guillaume continue à m'appeler et à me relancer de loin en loin pour me raconter les dernières évolutions de son « manuscrit ». Puis il va, progressivement, totalement disparaître du paysage.

Je comprends alors – oui, je sais, je suis lent – que j'ai été l'objet d'une grossière tentative de manipulation.

16. « Mais tu devrais en discuter avec Nicolas... »

C'est bien plus tard que je décide de reprendre le fil de cette histoire. J'avais décidé de passer à autre chose. Le lancement de ma maison d'édition Privé me prenait tout mon temps. Et puis...

Nous sommes le 18 janvier 2005, au restaurant le Montalembert.

L'objet de mon déjeuner avec Yves Jégo, alors l'un des députés les plus proches de Nicolas Sarkozy, désormais replié en sa forteresse UMP – il a dû quitter le gouvernement suite à son élection à la tête du parti gaulliste –, n'a pas grand-chose de politique. Même si nous ne partageons pas du tout les mêmes idées politiques, j'apprécie l'homme. Je partage avec lui le goût du Sud de la France et de la corrida; et, surtout, nous rions beaucoup.

De fil en aiguille, nous en venons à discuter du climat délétère régnant à l'époque entre les chiraquiens et eux, les sarkozystes. L'idée me traverse l'esprit de tester Jégo à propos de la tentative d'intox dont j'ai été l'objet, quelques mois plus tôt.

Les longues semaines écoulées depuis mai 2004 et la disparition totale de Guillaume dans la nature avec son « manuscrit » m'ont, en effet, renforcé dans mon sentiment que les séides du cabinet noir ont franchement voulu me manipuler. Yves Jégo écoute mon récit, stupéfait, et me lâche :

– Mais tu devrais en discuter avec Nicolas.

Ah !

Je ne m'attendais pas du tout à ce genre de proposition. Jégo décide alors de monter, dès que possible, une rencontre entre le président de l'UMP et moi.

L'idée m'inquiète et me séduit à la fois.

Je me dis finalement qu'approcher Nicolas Sarkozy et le questionner sur l'arrestation de Colonna me permettra d'en savoir plus. De déblayer cette sale histoire. Pour en finir. Et passer à autre chose.

Quelques jours plus tard, Jégo me rappelle. Le rendez-vous est fixé le 3 février. Rapide. Un méchant virus me cloue au lit et entraîne son report. C'est finalement un samedi matin, le 12 février, que le rendez-vous a lieu, au siège de l'UMP, 55, rue La Boétie, dans le VIIIe arrondissement de Paris.

17. « J'ai pris Villepin comme ça... Et je lui ai mis le nez dans sa merde. »

Je ne connaissais pas Nicolas Sarkozy. Je veux dire par là que je ne l'avais jamais rencontré. Je ne lui avais jamais parlé. Je ne l'avais jamais croisé.

Je ne l'ai, d'ailleurs, jamais revu. Je ne lui ai pas reparlé depuis.

Ironie du sort : C'est ce même 12 février 2005, quelques heures plus tard, en fin de journée, que Nicolas Sarkozy recevait des mains de son meilleur ennemi, Jacques Chirac soi-même, sa médaille de Chevalier de la Légion d'honneur !

Lorsque je suis arrivé au siège de l'UMP – en avance… –, Yves Jégo est venu me chercher en bas. Nous avons pris l'ascenseur – je n'ai pas retenu l'étage où nous allions – et transité quelques instants par le bureau de Franck Louvrier, l'incontournable conseiller en communication du président, puis nous nous sommes avancés vers le bureau du patron.

Sarkozy est sorti pour m'accueillir :

– Alors ça va mieux cette grippe, monsieur Birenbaum ?

La marque des grands fauves politiques. Vous ne les connaissez pas. Ils ne vous ont jamais rencontré. Mais ils savent vous recevoir en vous faisant croire qu'ils s'intéressent à vous. À vos petites misères. Pro.

Nous sommes entrés dans son bureau.

Il m'a invité à prendre place dans un fauteuil club face à lui. Yves Jégo s'est posé au fond d'un canapé un peu à l'écart et n'a plus ouvert la bouche pendant la demi-heure qui a suivi.

La conversation à deux a débuté.

Je me suis lancé et j'y suis allé plutôt direct.

– Monsieur, je n'ai pas de sympathie ni d'affinités politiques pour vous, mais je veux m'entretenir avec vous d'une histoire qui vous concerne. Je voudrais que vous me donniez votre version des faits.

J'ai alors naïvement demandé – presque solennel – à Nicolas Sarkozy de bien vouloir me confirmer que l'arrestation d'Yvan Colonna n'était pas un coup monté… Qu'il n'avait pas feint d'arrêter un homme avec qui il aurait négocié auparavant une reddition. Il a froncé les sourcils et m'a demandé d'où je tenais de telles allégations.

Je lui ai proposé un marché (*sic !*) : il répondait à ma question et je lui expliquais ce qui circulait sur lui…
Nicolas Sarkozy a pris une inspiration, puis il a gardé la parole environ dix minutes.

Il allait, dit-il, me « *donner la partie de l'histoire qui me manquait* ».

Puis il est entré dans le vif du sujet.
Cela faisait bien longtemps qu'il se méfiait d'Yves Bertrand… Évidemment, l'ex-ministre avait immédiatement deviné qui m'avait si finement tuyauté sur ce dossier explosif… En deux occasions au moins déjà, concernant Yvan Colonna, les deux hommes s'étaient violemment opposés, m'expliqua-t-il.

Une première fois, alors que Colonna était encore en fuite, le DCRG était venu trouver son ministre, son patron donc. Il voulait l'informer que le père d'Yvan Colonna – que Bertrand connaît de très longue date – « *avait des choses à leur dire* » et souhaitait donc le rencontrer. Mais comme le ministre de l'Intérieur avait repris les rênes de l'enquête, dont il avait clairement fait un enjeu politique majeur, une telle rencontre ne pouvait se tenir sans son assentiment.

Sarkozy me dit avoir sèchement lancé à Bertrand : « *Il veut nous dire où est son fils ? Si c'est le cas, vous le voyez. Sinon, nous n'avons rien à lui dire.* » Bertrand serait reparti bredouille et la rencontre n'aurait pas eu lieu.

Une deuxième fois, Bertrand serait revenu à la charge sur le sujet Colonna. Il était venu cette fois-là demander au ministre l'autorisation d'aller rencontrer l'avocat du berger corse, Me Sollacaro.

La fameuse rencontre du 6 juin 2003 au Lutétia (voir chapitre 7).

Bertrand était donc bien dès l'origine au courant de cette rencontre, montée de toutes pièces, nous l'avons vu, par le sulfureux Jean Nicolas.

Nicolas Sarkozy avait alors strictement « *interdit* » – il me martèle le mot en détachant les syllabes – à Yves Bertrand de se rendre à cette rencontre. Lui « *ordonnant* » – même ton – d'envoyer Bernard Squarcini à sa place.

« *J'ai confiance en lui* », aurait lâché le ministre à Bertrand, sous-entendu : « Pas en vous. »

Nous savons que ce face à face n'était probablement qu'un

piège ayant pour objet d'accréditer publiquement la thèse d'une négociation entre le ministre de l'Intérieur et le clan Colonna…

Après m'avoir donné un ou deux détails précis et secrets sur les modalités réelles de l'arrestation de Colonna – des faits que je n'ai lus nulle part et que je n'ai pu vérifier ou valider –, Nicolas Sarkozy a surenchéri sur les méthodes de ce qu'il nomma une « *petite bande* ».

Le cabinet noir.

C'est alors qu'il a commencé à me parler de l'affaire Clearstream. De sa fureur d'être mêlé à cela publiquement depuis la parution du *Point*, en juillet 2004.

Le Point qui avait été « *manipulé* » d'après lui.

Surtout – et je m'en souviendrai toujours – le président de l'UMP m'a conté son entrevue du 15 octobre 2004, avec le patron de la DST, Pierre de Bousquet de Florian, dans le bureau de son successeur à l'Intérieur, Dominique de Villepin.

Nicolas Sarkozy veut alors absolument démasquer et châtier ceux qui ont tenté de le salir en mettant le nom de son père dans le listing Clearstream. Il s'interroge sur le rôle précis qu'a pu jouer la DST dans l'affaire.

Le patron de la DST se justifie et explique à Nicolas Sarkozy que l'enquête de ses services prouve bien qu'il s'agit d'une manipulation, d'un montage. Nicolas Sarkozy fustige alors le patron du service qui n'a pas livré les informations dont il dispose, et qui le disculpent, à la Justice. Il exige que Pierre de Bousquet de Florian prenne contact avec le procureur de la République de Paris, un proche de Nicolas Sarkozy, Yves Bot, pour lui rendre compte de ces investigations qui l'innocentent.

Nicolas Sarkozy, qui me mime la scène, se montre en tout cas explicite au sujet du rôle de son successeur au ministère de l'Intérieur :

– J'ai pris Villepin comme ça [par le col] et je lui ai mis le nez dans sa merde. Comme ça ! me lance-t-il, brutalement.

Presque comme s'il l'avait vraiment fait.

Le tout est accompagné d'un drôle de rictus qui me laisse penser que cette véritable guerre ira bien jusqu'au sang entre ces deux hommes.

Je suis stupéfait par la violence du geste et du propos.

Lancé, l'ancien ministre de l'Intérieur continue sur le sujet qui a l'air de le tarauder vraiment. Certain de l'identité du corbeau de l'affaire Clearstream, il me cite nommément Jean-Louis Gergorin. Il me fait remarquer à quel point ce dernier est un proche de Villepin, un «*ami*» même.

Membre du comité exécutif et vice-président d'EADS, Gergorin, m'explique-t-il, a d'ailleurs été décoré (au mois d'avril 2004) de l'Ordre national du mérite sur le contingent du ministère de la Défense. Mais la décoration lui a été remise au ministère de l'Intérieur, par Dominique de Villepin – qui avait bien connu Gergorin lorsqu'il était au Quai d'Orsay – dans son bureau même.

Le détail semble conforter Nicolas Sarkozy dans ses certitudes sur la proximité des deux hommes.

Un peu sonné, je le questionne alors au sujet d'une ou deux informations bizarres que j'ai récupérées ces derniers temps.

D'après une bonne source, Nicolas Sarkozy serait espionné, jusque dans son propre bureau, par une officine privée spécialisée dans les branchements sauvages ; quant aux responsables de la sécurité de l'UMP, il y aurait aussi parmi eux une équipe chargée de le surveiller, plus que de le protéger.

Sarkozy n'apparaît pas plus surpris que ça par ces rumeurs et m'explique alors que de toute façon il ne « *sort plus jamais seul* », nulle part.

Il n'a plus de « *vie privée* ».

L'occasion est trop belle.

Je vais alors m'enhardir et saisir cette perche pour tenter d'entraîner justement le président de l'UMP sur ce terrain du « privé ».

18. « On n'entre pas dans la famille Chirac. »

Lors de mon déjeuner avec Yves Jégo, quelques semaines plus tôt, j'ai profité d'avoir un pur sarkozyste sous la main pour fustiger le président de l'UMP à propos de sa propension à mettre en scène publiquement sa vie privée, son couple, sa femme Cécilia et leur fils Louis.

Je trouve cela choquant. Annonciateur d'une dérive people. J'explique alors à Jégo que je suis certain que, l'un de ces jours, Sarkozy va recevoir un sévère retour de bâton. Et que cela sera mérité.

J'ignore évidemment à quel point je suis alors très en deçà de la réalité…

Voilà pourquoi ce 12 février 2005, au siège de l'UMP, lorsque Nicolas Sarkozy, dans son bureau, lâche les mots

« vie privée » devant moi, cela me fait l'effet d'une *muleta* sur un *toro* de combat.

Je gratte le sol et je charge.

Puisqu'il en parle…

Certes, je veux évoquer ce sujet sensible avec lui, mais, un peu lâchement, je ne vais pas vraiment oser le formuler comme tel.

Je marmonne un :

– Sur le privé, justement, monsieur Sarkozy…

Je sens bien que Jégo, à ma gauche, se tasse profondément au fond du canapé.

– Comment ça, le privé ? me lance Sarkozy.

Et là, au lieu alors de prononcer « Cécilia », le prénom qui me brûle les lèvres, c'en est un tout autre qui va en sortir.

Un acte manqué. Ou alors réussi. Je ne sais pas.

– Claude…

– Ah, Claude… sourit presque Sarkozy.

La chronique des relations tumultueuses entre la fille du

président de la République, Claude Chirac, et Nicolas Sarkozy est alors un tel sujet à tiroirs dans le microcosme que ce *« Claude »* est presque sorti naturellement de ma bouche. Je suis incapable de rattraper mon lapsus. Qui est aussi une couardise.

Je me doute bien que parler de Cécilia à Nicolas Sarkozy, c'est s'exposer à être fusillé en plein vol...

En même temps, le *« Claude »* n'est pas complètement sorti par hasard.

Un portrait de Claude Chirac était récemment sorti dans la presse, à la une du *Monde 2*, signé par Raphaëlle Bacqué et Béatrice Gurrey. La silencieuse jeune femme ne s'exprime quasiment jamais publiquement – même *off the record* – et ne donne a fortiori jamais aucune interview. Pourtant, elle sait très bien, lorsqu'il le faut, sortir ses griffes. On lisait dans cet article, concernant Claude Chirac et Nicolas Sarkozy : « *Ces deux-là deviennent très vite amis. Ils rient, ils travaillent. (...) Elle ne jure plus que par lui (...). Par la fille, Sarkozy va pénétrer dans l'intimité du père.* » Rien de plus.

La condition posée par Claude Chirac pour accepter de recevoir les deux journalistes qui réalisaient son portrait était la suivante : aucune phrase entre guillemets dans sa bouche dans leur journal. Pas de « propos rapportés ». Les deux journalistes ont respecté la consigne.

Mais l'édition n'est pas la presse. Et la tentation était trop grande. Après avoir longuement hésité à utiliser une phrase, prononcée à l'époque *off the record,* puis ayant simplement demandé son autorisation à Raphaëlle Bacqué, Béatrice Gurrey a décidé de publier le propos cinq mois plus tard… Mais dans un livre : *Le Rebelle et le Roi.* Elle ne l'a pas soumis pour relecture préalable à Claude Chirac, qui n'a pourtant «*pas bougé un cil à la parution du livre*», me dit-elle.

Faussement naïve, la journaliste du *Monde* m'explique (au téléphone) avoir regretté a posteriori que la presse se focalise sur cette seule phrase à la sortie du *Rebelle et le Roi.*
Mais elle reste surtout encore ébahie par la manière dont Claude Chirac leur avait à l'époque «*sorti cette phrase spontanément*». «*Nous ne lui aurions jamais demandé cela*», m'explique-t-elle, «*alors que toute la Chiraquie le répétait*».

Lasse d'entendre dire qu'elle aurait été sa maîtresse, Claude Chirac a affirmé alors, pour la première fois, que cela était faux : «*Elle rougit légèrement. Et ce qu'elle dit, en détachant chaque syllabe, nous laisse interloquées : "Je n'ai pas été la maîtresse de Nicolas Sarkozy."*»

J'ai, pour ma part, été longtemps persuadé qu'il y avait bien eu quelque chose de l'ordre du très intime entre Nicolas Sarkozy et Claude Chirac.

J'y voyais même l'une des raisons essentielles pour lesquelles les Chirac en voulaient de manière rédhibitoire à Nicolas Sarkozy. Je l'ai même écrit dans *Nos délits d'initiés.*

Il me semblait incompréhensible que dans ce théâtre d'ombres, de manipulations et de trahisons – la politique –, dans lequel Jacques Chirac est un maître assassin, le seul soutien d'Édouard Balladur par Nicolas Sarkozy, à partir de 1993, ait pu justifier une telle « fatwa » encore plus de dix ans après les faits.

Face à Nicolas Sarkozy, ce matin-là, c'est donc naturellement cette question-là qui est sortie. La clé de la trahison et du ressentiment. Je veux comprendre la haine des Chirac à son égard. Sa haine pour eux aussi. Les ressorts de cette guerre. Et donc les raisons des manœuvres du cabinet noir contre Nicolas Sarkozy.

– Mais Claude et moi c'est une légende ! répond Nicolas Sarkozy dans un sourire un peu crispé. Une légende, colportée par les uns et reprise par les autres. D'abord, à l'époque, j'étais beaucoup plus proche, par l'âge, de sa sœur Laurence. Claude était bien plus jeune. Alors bien sûr, ensuite nous nous sommes rapprochés, avec Claude. Mais je n'ai jamais, jamais, vous m'entendez, jamais été... [blanc] institutionnellement avec Claude !
Institutionnellement.

J'ai envie d'éclater de rire.

Après un vrai blanc pour chercher un mot adéquat, Nicolas Sarkozy emploie le terme « *institutionnellement* ».
Puis reprend :
– Évidemment nous sommes sortis en boîte ensemble.

Comme tous les gens de nos âges. On faisait beaucoup la fête à ce moment-là ! On a bu des coups ensemble et peut-être même un peu flirté. Mais pas davantage. Et puis, de toute façon, vous savez… On n'entre pas dans la famille Chirac…

Le propos est appuyé.

Presque solennel.

Une sentence, claire et nette. Sans appel.

Cette dernière phrase reste un instant comme suspendue en l'air, entre nous trois, dans le bureau du président de l'UMP. Je comprends que l'entretien touche à sa fin.

Nicolas Sarkozy se lève, me parle d'édition en me raccompagnant. Il se félicite d'avoir très bien vendu son dernier livre, *La République, les Religions, l'Espérance*, paru l'automne précédent.

Je respire un grand coup. Je suis dans la rue. Je me repasse le film de la rencontre dans la voiture.

« *On n'entre pas dans la famille Chirac.* »

J'ai l'impression d'avoir prélevé ce jour-là quelque chose qui ressemble à l'ADN de la haine réciproque des chiraquiens et des sarkozystes…

19. Contre-feu.

En classant les documents accumulés pour ce livre, j'ai une nouvelle surprise. Très instructive.

En mai 2006, le journaliste Frédéric Charpier a publié un livre : *Nicolas Sarkozy. Enquête sur un homme de pouvoir*[1].

Je ne connais pas Frédéric Charpier.

Voici un bref extrait des pages 160 et 161 de son bouquin.

« On raconte ainsi qu'un proche de l'Élysée a essayé d'appâter un jeune et ambitieux éditeur en lui faisant miroiter des éléments biographiques prétendument pimentés sur l'historique familial des Nagy-Bocsa. (La rencontre entre les deux hommes mis en rapport par un ancien truand a eu lieu le 10 mai 2004 à Paris à l'Hôtel Régina, mais, semble-t-il, à la demande du jeune éditeur. Selon le "proche de l'Élysée" interrogé par l'auteur,

1. Presses de la Cité, mai 2006.

aucun deal d'aucune nature n'aurait alors été conclu entre les deux hommes. Quant au jeune éditeur, nous avons cherché en vain à obtenir sa version.) Une tentative d'intox que l'éditeur s'est empressé de rapporter au cabinet de Sarkozy. »

J'adore le journalisme d'investigation…

Découvrant ces lignes et reconnaissant assez aisément les circonstances de mon déjeuner avec Yves Bertrand, je décide d'appeler Frédéric Charpier pour lui demander quelques explications.

Je lui fais d'abord remarquer que, contrairement à ce qu'il affirme dans son livre, il n'a, à ma connaissance, jamais essayé de me joindre pour « *obtenir ma version* ». Une broutille.

Pour le reste, pas la peine de réécrire l'histoire de ce déjeuner.

Vous la connaissez déjà.

Mais un point me frappe. Je n'ai strictement rien appris de la bouche d'Yves Bertrand concernant des « *éléments biographiques prétendument pimentés sur l'historique familial des Nagy-Bocsa* ».

Notre conversation a tourné autour de l'affaire corse et de la prétendue « affaire d'État » entourant l'arrestation d'Yvan Colonna. Et si Yves Bertrand s'est répandu en détails

« pimentés » sur Nicolas et Cécilia Sarkozy, cela concernait leur installation à Bercy. Pas davantage.

Je secoue Charpier au téléphone. Je lui explique que sa version est bidon, mais sans lui préciser le véritable objet du déjeuner. Je me méfie. Il finit par me livrer le pedigree de sa source.

L'homme qui lui avait si bien raconté les choses.

Un connaisseur.

Digne de foi.

Yves Bertrand en personne.

Cet aveu fait tilt. Je relis ce qu'Yves Bertrand a « vendu » à Charpier comme sujet de notre rendez-vous.

« *Un proche de l'Élysée a essayé d'appâter un jeune et ambitieux éditeur en lui faisant miroiter des éléments biographiques prétendument pimentés sur l'historique familial des Nagy-Bocsa.* »

Nagy-Bocsa.

Le nom apparu dans les faux listings de Clearstream, juste quelques jours après notre rencontre de 2004.

Nagy-Bocsa.

Le Cabinet noir

Yves Bertrand aura probablement confondu notre déjeuner et un rendez-vous avec un journaliste.

Il en croisait tant…

20. Les « notes blanches » de Dominique de Villepin.

Depuis de longs mois, quelques-uns de mes amis les mieux renseignés passent leur temps à me dire que le cabinet noir veut ma peau.

Que je vais « y rester ».

Professionnellement s'entend.

Enquêtant pour son livre à paraître dans ma maison d'édition, un de « mes » auteurs croise, début 2005, un proche de l'Élysée qui lui demande des billes sur moi.

« *De toute manière, ce Birenbaum, on l'aura* », lâche-t-il.

Charmant programme.

Quelques mois plus tard, encore, un conseiller de Dominique de Villepin, excédé par la parution chez Privé de l'ouvrage publié sous le pseudonyme Jean de Saint-Iran, *Les Cent Semaines. Villepin vu du Quai,* affirme entre deux portes : *« Nous ferons rendre gorge à Birenbaum. »*

Que de poésie !

Vous vous souvenez probablement que Dominique de Villepin a remplacé Nicolas Sarkozy Place Beauvau.

Dire que l'homme en rêvait est un euphémisme.

Je me souviens de ces propos – visionnaires – d'un copain, excellent connaisseur du cœur de la Chiraquie – il en vécut – et qui a lâché un jour, bien avant que Dominique de Villepin ne soit « enfin » devenu ministre de l'Intérieur : *« Le jour où Villepin sera ministre de l'Intérieur, on aura tous un micro dans le cul. »* La poésie, toujours.

À peine occupe-t-il ses nouvelles responsabilités qu'une affaire secoue les allées du pouvoir. Dominique Ambiel, le très influent conseiller du Premier ministre Jean-Pierre Raffarin, doit démissionner de ses fonctions après avoir été interpellé en compagnie d'une prostituée, apparemment mineure, dans la nuit du 19 au 20 avril 2004, sur l'avenue des Ternes à Paris.

Trois jours plus tard, Jean-Pierre Raffarin met fin aux fonctions de Dominique Ambiel, qui lui présente sa démission, après sa mise en cause dans cette « affaire privée ». Dans un pays où la moindre incartade de ce genre est la plupart du temps réglée, dans le plus grand secret, par un simple coup de fil vers un numéro tout dédié à ces mésaventures nocturnes, il y a là comme un détail qui cloche.

J'acquiers rapidement la conviction que cette histoire pue la manipulation.

Une de plus.

La manière dont elle fuite opportunément dans le journal *Le Monde* est exemplaire. Le quotidien n'a jamais été en première ligne pour relater les histoires de mœurs impliquant des politiques. Or la mésaventure de Dominique Ambiel est révélée en une dans son édition du vendredi 23 avril (datée du samedi 24 avril 2004).

Selon *Le Monde* il est reproché à Dominique Ambiel d'avoir pris à bord de son véhicule, dans la nuit du lundi 19 au mardi 20 avril, une prostituée roumaine mineure, âgée de dix-sept ans. « *Interpellé en flagrant délit par une équipe de la Brigade anticriminalité (BAC), M. Ambiel s'en serait ensuite pris aux policiers, ce qui lui vaut également une procédure pour outrage* », ajoute *Le Monde*. Le quotidien rapporte ensuite la version de Dominique Ambiel dans son communiqué. Ce dernier y conteste le rapport établi par les policiers. Le conseiller du Premier ministre explique qu'il était arrêté à un feu tricolore, à l'intersection du boulevard Pereire et de l'avenue des Ternes (Paris XVIIe) où deux prostituées étaient en train de se disputer. L'une d'elles se serait abritée dans sa voiture, en prenant place côté passager. Dominique Ambiel aurait alors tenté de verrouiller ses portières pour l'empêcher de monter mais il se serait trompé et aurait en fait déverrouillé. *Le Monde* explique encore que Dominique Ambiel a précisé dans son communiqué avoir demandé à la passagère de descendre et l'avoir «*déposée moins de deux minutes plus tard et trois cents mètres plus loin environ, pour la mettre hors de danger*».

Le parquet de Paris a demandé un complément d'enquête; Dominique Ambiel a été placé en garde à vue mardi 20 avril puis confronté à la jeune prostituée devant laquelle il a réitéré sa version des faits. Mais elle a alors donné une autre version, selon laquelle elle connaissait bien Dominique Ambiel; qu'elle l'avait vu à deux ou trois reprises la semaine précédente. Elle a ainsi assuré que tous deux seraient allés dans un hôtel où Dominique Ambiel aurait payé la chambre avec une carte bancaire, rapportait toujours *Le Monde*.

Bref, à part la couleur et la taille du string de la jeune femme, *Le Monde* est sacrément renseigné!

À partir de là, Ambiel est déjà médiatiquement et politiquement mort. Sa démission tombe soixante-douze heures plus tard, déstabilisant le Premier ministre avec lequel il forme un duo inséparable depuis bien des années.

Pourquoi s'arrêter en détail sur le traitement de ces faits par *Le Monde*? Parce qu'à l'époque, c'est à peine l'épaisseur d'une feuille de fax qui sépare le bureau de Dominique de Villepin, Place Beauvau, de celui d'Edwy Plenel, au *Monde.*

Ces deux-là s'estiment. Le journaliste parle même d'un coup de foudre amical. Du coup, les hymnes à la gloire de Villepin sont monnaie courante dans les colonnes du *Monde,* notamment sous la plume de Plenel qui s'extasie volontiers de la pensée et des livres de son ami le ministre.

De là à penser que c'est l'unique raison pour laquelle l'information crapoteuse est sortie, comme ça, ce jour-là, il n'y a qu'un pas que chacun franchira ou pas, selon ses intimes convictions.

Revenons à Ambiel.

Après quelques mois, celui qui est redevenu producteur de télévision décide de se défendre publiquement. Il choisit de s'expliquer dans un livre, à paraître en mars 2005 : *Fort Matignon* (Ambiel est le producteur de l'éreintant *Fort Boyard*).

Devant un proche s'inquiétant devant lui des effets du livre de son ancien conseiller, le Premier ministre, Jean-Pierre Raffarin, aurait alors lâché : « *Il a morflé. Il veut les avoir. Il a raison.* »

La suite va pourtant être compliquée à gérer pour le Premier ministre, comme en atteste un premier document inédit.

Voici deux pages d'une première version du texte de Dominique Ambiel. Deux pages « tombées du camion » et corrigées à la main par l'auteur de *Fort Matignon* lui-même. C'est une première version d'un épilogue à son livre, titrée : « Envoi. Des RG bien renseignés ».

Nous sommes donc fin août 2004.

Le ministre de l'Intérieur, Dominique de Villepin, vient de recevoir une « *note blanche* » (pour information, Nicolas Sarkozy les a paraît-il officiellement supprimées en octobre 2002…) qui l'informe que Dominique Ambiel monte une maison d'édition qui se nomme Privé « *avec M. Guy Birenbaum et Pierre Luc Rozines* » (Pierre-Louis Rozynès en fait).

Ah bon ?

Je ne connais pas du tout Dominique Ambiel. Qui lui-même ne me connaît absolument pas. Et Privé est déjà créée… Et, dois-je le préciser, sans Dominique Ambiel.

Bref ce « blanc » est une intox totale de plus. Une manip, signée du cabinet noir ? Toujours la même méthode : une vraie info + une fausse info. Et moi au milieu.

Pourtant le véritable éditeur du livre n'est pas un inconnu. Comme l'explique Ambiel, son bouquin sort chez Plon, dont le patron, Olivier Orban se trouve être l'éditeur, et même l'ami, de Dominique de Villepin ! Aucun mystère. Nulle boule de gomme.

ENVOI

DES RG BIEN RENSEIGNES

Fin août, Jean-Pierre Raffarin me téléphona un soir. Il est à Matignon, je suis encore en Corse :

- « Je viens d'avoir un Villepin très remonté, me dit-il. Il me parle de ton livre, il a une note blanche des RG ».
- « Diantre, lui répondis-je. Si les « RG » s'intéressent à mon livre, ça devient grave ! »

Raffarin me lit la Note.

Elle dit en substance ceci : « Dominique Ambiel, dont le délibéré en première instance doit intervenir le 20 septembre (tiens, je croyais que c'était le 6 !), s'apprête à publier un livre dans lequel il mettra gravement en cause le Ministre de l'Intérieur et plusieurs membres de Cabinet. Ce livre qui sortira en octobre sera publié par une nouvelle société d'édition intitulée PRIVE, qu'il créera pour l'occasion avec M. Guy Birenbaum et Pierre Luc Rozines (je ne connais ni l'un ni l'autre !). Ce sera le premier d'une longue série d'ouvrages à scandale ».

Je suis effaré !

Je dis à Jean-Pierre que c'est n'importe quoi, que décidément les renseignements généraux sont bien mal renseignés. Il me répond « Je sais bien que c'est n'importe quoi. Je vois Villepin, je le lui dirai »

Et en effet, il y a de quoi être effrayé. Si les « Notes Blanches » transmises aux plus hautes autorités de l'Etat sont toutes de cet acabit, on peut frémir…Le Ministre de l'Intérieur évoque avec le Premier Ministre lors de son entretien hebdomadaire, ~~pendant un long moment~~, un certain nombre de coups tordus : l'affaire des Frégates de Taïwan, par exemple, qui selon les « Notes Blanches » mettraient en cause plusieurs responsables politiques, Dominique Strauss-Kahn, Jean-Pierre Chevènement, Alain Madelin, et même Pal Sarkozy – le père de Nicolas – et naturellement Nicolas lui-même.

Si ces informations sont du même degré d'exactitude, il y a du temps à gagner… Je ~~conseille~~ à Raffarin de répondre à Villepin que tout d'abord le délibéré n'int .t pas le 20, mais le 6 septembre. Ce n'est pas trop compliqué de le savoir, il suffit de lire les journaux, voire de consulter le greffe du Tribunal de grande instance de Paris. Que lorsque « Marianne » publie en juillet un entrefilet indiquant que j'écrivais un livre faisant état « d'un complot ourdi par le Ministre de l'Intérieur » sur mon affaire, j'avais immédiatement fait paraître un droit de réponse indiquant que cela était ridicule et du reste que ce livre était loin de se limiter à cette affaire. Je fais transmettre la copie de l'article à JPR pour qu'il la donne à Villepin et que le Ministre de l'Intérieur puisse informer…ses Renseignements Généraux !

En outre, le livre ne sort pas en octobre, mais début 2005. Ça, c'est un peu plus difficile à savoir, mais ça ne devrait pas être totalement inaccessible pour des…Renseignements Généraux !

Enfin je ne crée pas une Maison d'Edition pour l'occasion, ni avec Guy Birenbaum, ni avec Pierre Luc Rozines que je n'ai jamais rencontrés de ma vie. Mon livre est publié par un grand éditeur parisien, …L'éditeur de …Dominique de Villepin lui-même !

Non seulement, le Ministre de l'Intérieur est mal renseigné par ses services, mais il n'est pas renseigné par ses amis ….

Raffarin concluera l'entretien de jeudi matin en disant au locataire de la Place Beauvau :

- « Tu devrais appeler Dominique, il est tout à fait prêt à en parler avec toi ».
- « Je vais le faire », répondra Villepin.

Au contraire de la plupart des 42 Ministres du Gouvernement de Jean-Pierre Raffarin, Dominique de Villepin ne m'a jamais appelé.

La fureur du ministre de l'Intérieur confronté à la parution du texte d'Ambiel ne vient évidemment pas du tout de l'erreur du « blanc » sur mon compte. C'est une colère terrible. Villepin évoque devant ses proches un *« coup monté »* entre Nicolas Sarkozy et Jean-Pierre Raffarin pour le *« décrédibiliser »*, le *« déstabiliser »*.

Fichtre.

Voici les quelques lignes d'Ambiel qui ont peut-être contribué à mettre le feu aux poudres :

« *Si les "notes blanches" transmises aux plus hautes autorités de l'État sont toutes de cet acabit, on peut frémir. Le ministre de l'Intérieur évoque généralement avec le Premier ministre, lors de leur entretien hebdomadaire, un certain nombre de coups tordus : l'affaire des frégates de Taïwan, par exemple, qui selon les "notes blanches" mettrait en cause plusieurs responsables politiques, Dominique Strauss-Kahn, Jean-Pierre Chevènement, Alain Madelin et même Pal Sarkozy – le père de Nicolas – et naturellement Nicolas lui-même. Si ces informations sont du même degré d'exactitude, il y a du temps à gagner...* »

Relisez attentivement ce passage.

Dominique Ambiel a quitté ses fonctions fin avril 2004. Il évoque les « blancs » reçus par Dominique de Villepin : celui d'août 2004 (à propos de son livre) mais aussi d'autres « blancs » antérieurs dont le ministre de l'Intérieur aurait parlé avec Jean-Pierre Raffarin, notamment à propos des Frégates de Taïwan, des commissions prétendument touchées par des hommes politiques et notamment par « *Pal Sarkozy, le père de Nicolas, et naturellement Nicolas lui-même* ».

Voilà sans doute la phrase explosive. Est-ce elle qui déclenche la fureur de Dominique de Villepin ? Au moment de l'envoi des fichiers au juge Van Ruymbeke, le ministre de l'Intérieur aurait évoqué auprès du Premier ministre des « faits » qui sont au cœur de la manipulation Clearstream. Qui plus est,

Dominique Ambiel, bien renseigné, suggère clairement dans son livre que les informations sur les rétrocommissions des frégates de Taïwan proviendraient de «notes blanches» (et non pas de la lettre du corbeau au juge Van Ruymbeke).

Dominique Ambiel, pourtant visiblement très au fait du dossier, semble ignorer que son nom figure également dans les fameux listings. Il est en tout cas intolérable pour Dominique de Villepin, et même judiciairement dangereux pour lui, que Dominique Ambiel écrive cela dans son livre.

Le ministre de l'Intérieur entame donc un véritable siège du Premier ministre, pour que ce dernier parvienne à convaincre son ancien conseiller de renoncer à publier l'intégralité de ce passage.

Villepin ignore que ces pages n'existent déjà plus comme telles.

Le manuscrit a déjà été corrigé et cette partie a été modifiée.

Voici un deuxième document. Il s'agit cette fois de deux pages de *Fort Matignon*, le livre, telles qu'elles ont été fabriquées réellement après les corrections de Dominique Ambiel et de son éditeur.

Plusieurs petits détails changent.

Des modifications loin d'être anodines, mises en perspective dans le cadre de l'affaire Clearstream.

20. Les « notes blanches » de Dominique de Villepin.

ENVOI

DES RG BIEN RENSEIGNÉS

Fin août, j'eus connaissance d'une note blanche des Renseignements généraux sur le livre que vous avez entre les mains. Elle disait en substance ceci : « Dominique Ambiel, dont le délibéré en première instance doit intervenir le 20 septembre [tiens, je croyais que c'était le 6 !], s'apprête à publier un livre dans lequel il mettra gravement en cause le ministre de l'Intérieur et plusieurs membres de son cabinet. Ce livre qui sortira en octobre sera publié par une nouvelle société d'édition intitulée PRIVÉ, qu'il créera pour l'occasion avec M. Guy Birenbaum et Pierre-Louis Rozynès [je ne connais ni l'un ni l'autre !]. Ce sera le premier d'une longue série d'ouvrages à scandale. »

C'est vraiment n'importe quoi : décidément les Renseignements généraux sont bien mal renseignés !

Si les « notes blanches » transmises aux plus hautes autorités de l'Etat sont toutes de cet acabit, on peut frémir...

Il y a surtout du temps à gagner pour éviter de fantasmer par exemple sur les « coups tordus » qu'elles sont susceptibles de déclencher, comme dans l'affaire des frégates, lorsqu'elles mettent en cause plusieurs responsables politiques : Dominique Strauss-Kahn, Jean-Pierre Chevènement, Alain Madelin, et même Pal Sarkozy – le père de Nicolas – et, naturellement, Nicolas lui-même.

Pour revenir à ce simple petit livre, l'honneur de la note blanche est démesuré, et surtout totalement à côté de la plaque. Tout d'abord le délibéré n'intervient pas le 20, mais le 6 septembre. Ce n'est pas trop compliqué de le savoir, il suffit de lire les journaux, voire de consulter le greffe du tribunal de grande instance de Paris. Sur la mise en cause du ministre de l'Intérieur et de son cabinet, les RG devraient là aussi mieux « se renseigner » et lire la presse : en effet lorsque *Marianne* publie en juillet un entrefilet indiquant que j'écrivais un livre faisant état « d'un complot ourdi par le ministre de l'Intérieur » sur mon affaire, j'avais

462 *Fort Matignon*

immédiatement fait paraître un droit de réponse indiquant que cela était ridicule et du reste que ce livre était loin de se limiter à cette affaire.

En outre, le livre ne sort pas en octobre, mais début 2005. Ça, c'est un peu plus difficile à savoir, mais ça ne devrait pas être totalement inaccessible à des... Renseignements généraux !

Enfin je ne crée pas une maison d'édition pour l'occasion, ni avec Guy Birenbaum, ni avec Pierre-Louis Rozynès que je n'ai jamais rencontrés de ma vie. Mon livre est publié par un grand éditeur parisien. L'éditeur de... Dominique de Villepin lui-même !... L'actuel patron des RG.

J'avais suggéré à Jean-Pierre Raffarin de dire à son ministre de l'Intérieur de me téléphoner, afin que j'apaise directement les craintes suscitées par les notes blanches des Renseignements généraux...

Mais au contraire de la plupart des quarante-deux ministres du gouvernement de Jean-Pierre Raffarin, Dominique de Villepin ne m'a jamais appelé.

Les ciseaux ont déjà opéré.

Plus de traces de coup de fil du Premier ministre, Jean-Pierre Raffarin.

Plus d'appel de Dominique de Villepin au Premier ministre pour se plaindre de Dominique Ambiel.

Une autre différence importante concerne surtout le passage du texte concernant l'affaire des frégates de Taïwan et le dossier Clearstream :

« Si les "notes blanches" transmises aux plus hautes autorités de l'État sont toutes de cet acabit, on peut frémir… Il y a surtout du temps à gagner pour éviter de fantasmer par exemple sur les "coups tordus" qu'elles sont susceptibles de déclencher, comme dans l'affaire des frégates lorsqu'elles mettent en cause plusieurs responsables politiques : Dominique Strauss-Kahn, Jean-Pierre Chevènement, Alain Madelin et même Pal Sarkozy – le père de Nicolas – et, naturellement, Nicolas lui-même ».

Un membre de phrase entier a donc disparu : « *Le ministre de l'Intérieur évoque généralement avec le Premier ministre, lors de leur entretien hebdomadaire, un certain nombre de coups tordus.* »

Il ne peut évidemment pas être écrit noir sur blanc que ce « coup tordu » aurait été évoqué par les deux hommes. Dominique de Villepin explique partout pour sa défense, depuis le premier jour, que le nom de Nicolas Sarkozy n'a jamais été prononcé dans ses conversations avec Jean-Louis Gergorin.

La première version de l'« Envoi » d'Ambiel semblait suggérer précisément le contraire. Le manuscrit a donc été « nettoyé » de ses passages les plus gênants.

Mais il est également débarrassé de sa pique la plus drôle.

Dans la première version, Ambiel s'amuse, en effet, de l'incompétence du ministre de l'Intérieur, et donc patron des RG, qui ignore visiblement que son livre doit paraître chez son propre éditeur et ami, Olivier Orban, chez Plon.

Cela donne :

« *Enfin je ne crée pas une maison d'édition pour l'occasion, ni avec Guy Birenbaum, ni avec Pierre Luc Rozynès que je n'ai jamais rencontrés de ma vie. Mon livre est publié par un grand éditeur parisien,… L'éditeur de… Dominique de Villepin lui-même ! Non seulement, le ministre de l'Intérieur est mal renseigné par ses services, mais il n'est pas renseigné par ses amis…* »

Ce passage était sans doute trop insupportable lui aussi.

Dans l'épilogue tel qu'il est composé dans la version « définitive » du livre, on lit désormais : « *Enfin je ne crée pas une maison d'édition pour l'occasion, ni avec Guy Birenbaum, ni avec Pierre-Louis Rozynès que je n'ai jamais rencontrés de ma vie. Mon livre est publié par un grand éditeur parisien. L'éditeur de… Dominique de Villepin lui-même !… L'actuel patron des RG.* » La gifle sur l'incompétence des services de renseignements et le manque de communication du ministre avec son « ami » et éditeur Olivier Orban a disparu.

Or, en dépit de ces corrections et atténuations, le texte de deux pages que vous venez de lire ne figure pourtant pas dans *Fort Matignon*. Dominique de Villepin a réussi à obtenir le pilonnage, avant parution et envoi à la presse, de tous les exemplaires imprimés du livre qui comprenaient ces deux pages.

Douze mille exemplaires détruits.

Alors que Dominique de Villepin a tardivement « découvert » que l'éditeur du livre est son ami Olivier Orban et tandis que le livre est prévu pour le 8 mars 2005, le ministre de l'Intérieur revient à la charge et exerce des pressions directes.

Précisément à partir du samedi 5 mars. Tout va se jouer entre cette date et le 8 mars.

Dominique Ambiel reçoit, sur les coups de dix-neuf heures, un appel embarrassé du Premier ministre, Jean-Pierre Raffarin. Ce dernier lui apprend que Dominique de Villepin est toujours furieux. Il exige que les deux pages d'épilogue soient purement et simplement effacées du livre. Et peu importe qu'il faille le pilonner pour ça ! Comprenant que l'affaire prend désormais des proportions énormes, l'auteur décide de joindre son éditeur au téléphone.

Olivier Orban explique à Ambiel qu'il a déjà eu trois fois Villepin en ligne à ce sujet. Qu'ils se sont assez brutalement affrontés. L'éditeur a renvoyé le ministre de l'Intérieur dans ses buts, mais Villepin n'en démord pas.

C'est « *intolérable* ». « *Une déstabilisation politique.* »

Bigre...

Le livre publié

TABLE

20. Les « notes blanches » de Dominique de Villepin.

Le livre pilonné

TABLE

Un déjeuner est organisé le lendemain entre le directeur de cabinet du ministre de l'Intérieur, Pierre Mongin, et l'éditeur. Ce dernier refuse de céder. Devant la menace de poursuites judiciaires diligentées par les renseignements généraux contre le livre, Orban s'esclaffe même : il n'*« en a rien à foutre »*. D'abord les RG vont perdre s'ils attaquent et surtout, cela va faire vendre beaucoup de livres à Dominique Ambiel.

En dépit de cette première et louable résistance de l'éditeur, la situation bascule entre le dimanche 6 et le lundi 7 mars au matin.

Cette fois, c'est un Raffarin réellement perturbé par l'évolution de la situation qu'Ambiel a en ligne. Cette affaire le gêne vraiment. Ambiel décide donc de céder, «*pour arranger Jean-Pierre*», son ami. Et puis, après tout, la fin du livre sera ainsi plus «*tendre*», moins politique et caustique.

Mais les choses ne sont pas si simples.

Certes, Ambiel est désormais d'accord pour que l'on ampute le livre des deux pages et que l'on modifie sa table des matières, pour en faire disparaître l'« Envoi ».

Mais il y a un mais…

Douze mille exemplaires ont déjà été imprimés et une nouvelle réimpression de vingt-quatre mille serait même déjà dans les tuyaux… L'éditeur doit donc forcément donner son accord et intervenir. Mais, après tout, raille Ambiel, « *Orban est le copain de Villepin* », ils n'ont donc qu'à s'arranger « *entre amis* »...

Le soir même, Ambiel joint Orban et lui tient à peu près les propos suivants : « *J'ai bien réfléchi, si cela peut apaiser les relations dans la majorité, je suis d'accord pour que l'on pilonne le livre.* » Une nouvelle discussion téléphonique va avoir lieu, cette fois, entre le Premier ministre et l'éditeur.

Ce n'est plus un livre, c'est une affaire d'État.

Tout le monde semble – enfin – sur la même longueur d'ondes...

Ou presque.

Dominique Ambiel, que ces pressions commencent tout de même à chauffer, décide, sur un coup de tête, de revenir en arrière et de poser ses conditions au ministre de l'Intérieur.

Il faut dire que depuis le mois d'avril 2004 où il a dû démissionner, l'ex-conseiller du Premier ministre est absolument persuadé qu'il a été victime d'un coup monté, diligenté par le cabinet noir.

Il lance donc un véritable ultimatum au ministre de l'Intérieur via le Premier ministre. Il n'acceptera que l'on pilonne son livre et qu'on le réimprime, amputé de son fameux « Envoi », que s'il peut voir *Villepin* en tête-à-tête. S'expliquer avec lui sur ce qui s'est passé cette nuit-là. « *Dans les yeux.* » Voilà ce qu'exige maintenant Ambiel. Le Premier ministre commence à trouver l'affaire saumâtre mais il prend sur lui de prévenir son ministre de l'Intérieur de la demande d'Ambiel.

Villepin, sorti dîner en ville, n'est alors pas joignable.

Jean-Pierre Raffarin lui laisse un message.

C'est beaucoup plus tard, vers vingt-trois heures quinze, que le Premier ministre finit par laisser un message à son ami Ambiel sur sa boîte vocale. Villepin vient de le rappeler.

Il est d'accord sur le principe de la rencontre.

Raffarin, qui commence à en avoir vraiment assez de jouer les intermédiaires, fixe autoritairement la règle du jeu. Le rendez-vous va avoir lieu à Matignon et en sa présence.

21. Règlements de comptes à Matignon.

C'est le mardi 8 mars 2005, vers dix-sept heures, dans le secret du Pavillon de musique, que l'on atteint par la rue de Babylone (à l'arrière de Matignon), que la rencontre au « sommet » va se dérouler. Alors que le Premier ministre gagne les lieux à pied par le jardin du Palais, le ministre de l'Intérieur arrive, lui, d'après plusieurs témoins, en « *grand équipage* ».

Je n'ai évidemment pas assisté à la scène qui suit. Mon récit n'est donc pas de première main. Mais il a été reconstitué à partir de bonnes sources. Excellentes, même.

Le Premier ministre prend place sur un canapé. Dominique Ambiel et Dominique de Villepin se font face, chacun dans un fauteuil. C'est l'ancien conseiller de Raffarin qui prend le premier la parole.

Il a une information d'importance à communiquer à Dominique de Villepin et Jean-Pierre Raffarin pour *« ouvrir »* la réunion. En substance, il leur explique que, tôt le même jour, vers huit heures, il a déjà pris la décision de pilonner le livre, en accord avec Olivier Orban. Il a cependant souhaité maintenir ce rendez-vous parce qu'il veut que Dominique de Villepin « *s'explique* » enfin sur ce qui lui est arrivé un an plus tôt.

Ambiel continue.

Il ne « *va pas aux putes* ». N'a « *aucun problème avec les gonzesses* » et précise même que « *s'il avait besoin de filles payantes, il ne les ramasserait pas au bord du trottoir* ». Il attaque alors violemment Villepin, lui imputant sa souffrance, le mal enduré par sa famille ; évoque sa petite fille et son père malade d'un cancer (il mourra cinq mois plus tard). Ambiel insiste surtout sur un point très précis qui le ramène le jour fatidique, le 20 avril 2004.

Alors qu'il a déjeuné avec le directeur de cabinet du ministre de l'Intérieur, juste avant d'être convoqué par la police, il veut comprendre, juste comprendre, pourquoi Mongin ne lui a rien dit « *alors qu'il savait tout* ».

Comment le directeur de cabinet de Dominique de Villepin – qui déjeune avec lui chez Michel Charasse (!) et qui est « *au courant de tout* » – peut-il le laisser repartir à Matignon sans lui dire un mot ? Et lui laisser apprendre par la seule voie policière sa convocation dans les locaux de l'USIT

(Unité de soutien aux investigations territoriales) l'après-midi même ?

Pourquoi Mongin ne le prévient-il pas, lors de ce déjeuner, alors qu'il sait forcément ce qui se prépare ? Ambiel exige une explication.

Dominique de Villepin prend la parole.

Il regarde Ambiel de très haut.

Le toise.

Lui ne se «*mêle jamais des choses comme ça*». Pas plus que «*des ennuis des enfants de ministres qui volent dans les Monoprix !*» (sic) Alors qu'Ambiel veut réagir, il l'arrête d'un geste, excédé : «*Je t'en prie*», lance-t-il. «*Je ne mélange pas les affaires de l'État et les affaires personnelles. Telle n'est pas mon éthique.*»

Ambiel, furieux, reprend la parole et ne lâche plus le ministre de l'Intérieur. Il lui repose sa question. Pourquoi, ce jour-là, le directeur de cabinet de Villepin ne l'a-t-il pas averti, simplement averti, que des poursuites allaient être déclenchées ?

Villepin explose.

– Si Mongin ne t'a rien dit, c'est parce que quand il part du ministère à treize heures, il n'y a pas d'affaire ! Les procès-verbaux sont très clairs. Aucune infraction n'a été constatée. Il n'y a pas d'affaire!

Le ministre de l'Intérieur continue sur le même ton comminatoire. Selon lui, « *l'affaire commence à quatorze heures* » et elle débuterait, en fait, au ministère de la Justice.

À ce moment-là, Dominique de Villepin serait parti dans une diatribe dont il a le secret; mettant en cause Yves Bot et même Jacques Chirac qui aurait nommé le procureur de Paris à ce poste par « *faiblesse* ». Villepin attribuerait également, au passage, à Nicolas Sarkozy une responsabilité dans l'affaire Gaymard (locataire aux frais du contribuable d'un appartement parisien démesuré) ou encore dans celle des HLM de Paris (en 1995).

– Jean-Pierre Raffarin se tasse de plus en plus dans son canapé du Pavillon de musique.

Villepin achève sa tirade en évoquant la future Présidentielle.

– Vous croyez que Sarkozy a un impact mais pas du tout! C'est comme Balladur en 1995... Il faisait 38 %. Il voulait être le seul candidat. Sarkozy veut aussi être le seul candidat. Mais nous l'empêcherons! Nous l'empêcherons! Nous l'empêcherons!

Trois fois.

Fermez le ban.

À la sortie de cette incroyable colère qui rend Nicolas Sarkozy et ses proches coupables de tous les ennuis de Dominique Ambiel, le principal intéressé reprend la parole.

Villepin semble s'être calmé d'un coup.

Ambiel lui explique qu'il ne le croit pas et lâche en guise de conclusion : « *Si tu étais sincère, tu m'aurais juste appelé.* »

En vérité, Ambiel ne fait que répéter là au ministre de l'Intérieur ce qu'il écrivait dans les dernières lignes d'un épilogue dont le pilonnage est alors en très bonne voie : « (...) *au contraire de la plupart des quarante-deux ministres du gouvernement de Jean-Pierre Raffarin, Dominique de Villepin ne m'a jamais appelé* ».

Alors que cette assez stupéfiante réunion de crise au sommet de l'État s'achève, douze mille exemplaires de *Fort Matignon* partent au pilon d'un commun accord entre un auteur et son éditeur, sur injonction d'un ministre de l'Intérieur. Le tout avec le parrainage du Premier ministre...

Joli pays.

Une nouvelle édition de *Fort Matignon* expurgée des pages 461 et 462, un livre censuré donc, est déjà en cours d'impression. La table des matières a également été modifiée pour que n'y figurent plus la trace de ces deux pages de tous les dangers.

Eh bien, le petit arrangement entre ennemis, qui s'achève ici par une vraie censure, restée méconnue, me semble aussi inquiétant que les pressions inadmissibles exercées par Nicolas Sarkozy sur les éditions First.

Vous vous souvenez probablement de l'énorme polémique qu'a entraînée – et à juste titre – la scandaleuse « convocation » par Nicolas Sarkozy du PDG des éditions First, Vincent Barbare, au ministère de l'Intérieur, le 9 novembre 2005 ? Lorsque le ministre le menaça des pires foudres, pour l'empêcher de publier le livre de la journaliste de *Gala*, Valérie Domain, sur Cécilia Sarkozy : *Cécilia Sarkozy, entre le cœur et la raison*. Ce qu'il parvint à obtenir de l'éditeur qui renonça dès la sortie du bureau ministériel...

Il reste que l'épisode Ambiel présente beaucoup d'intérêt si on le revisite à l'aune des manipulations innombrables qui jalonnent l'affaire Clearstream.

On peut penser que l'insistance dont fait preuve Dominique de Villepin pour obtenir cette censure vient de l'évocation de ces fameux « blancs », directement issus du cabinet noir.

Des « blancs » qui auraient déjà évoqué les prétendus comptes bancaires à l'étranger de Nicolas Sarkozy et de son père.

Enfin, la violence de Dominique de Villepin et surtout son étonnant et triple « Nous l'empêcherons ! » me rappellent mon déjeuner avec Yves Bertrand et ses accusations répétées contre l'ennemi public du cabinet noir.

22. Guignol's band : l'affaire Gaccio.

En avril 2005 je publie chez Privé le livre de l'ex-agent secret, Pierre Martinet, *DGSE service action*.

D'une façon improbable, ce livre de Mémoires d'un militaire et d'un espion va me ramener, lui aussi, dans les basses eaux de la guerre entre chiraquiens, villepinistes et sarkozystes. Au cœur des intox. Tout près encore du cabinet noir.

La vraie révélation du livre de Martinet concerne les mœurs étranges de la télévision. Quittant la DGSE à la veille du 11 septembre 2001, Martinet est parti pour Canal Plus, au service sécurité de la chaîne.

Il y a été embauché par un certain Gilles Kaehlin, « directeur des moyens généraux de Canal Plus ». Ce dernier est un ancien inspecteur de la section antiterroriste des renseignements généraux. Personnage controversé, Kaehlin a participé à l'arrestation des membres d'Action directe.

Il fut également l'un des collaborateurs à l'Elysée de François de Grossouvre, sous François Mitterrand. Il s'occupa de près de Mazarine, la fille alors cachée du président, et on lui prête même un rôle dans la fameuse affaire des écoutes de l'Élysée.

Je n'en sortirai donc jamais…

Recruté par Pierre Lescure, il assurait la sécurité sous toutes ses formes au sein de la chaîne cryptée.

Kaehlin embauche Martinet pour des missions consacrées à la lutte contre le piratage des décodeurs. Mais l'ancien membre de la DGSE raconte que, rapidement, auraient succédé des demandes, illégales, de surveillance de salariés et notamment de l'auteur vedette des *Guignols de l'info*, Bruno Gaccio.

Après avoir accompli plusieurs filatures et monté des dossiers sur plusieurs salariés, Martinet, qui se dit écœuré, décide de tout laisser tomber. Il quitte Canal. Puis, quelque temps plus tard, il décide de tout raconter dans un livre. D'où notre rencontre.

À aucun moment, pendant les longs mois que dure son travail d'écriture, nous n'évoquons ensemble des réseaux policiers ou des ramifications politiques. Nous travaillons uniquement sur une affaire d'espionnage au sein d'une entreprise de médias, ce qui est alors une première en France car ces pratiques étaient alors totalement passées sous silence.

Cependant, peu après la sortie du livre, et à la faveur de l'enquête menée sur cette affaire par trois journalistes du *Point*, Jean-Michel Décugis, Christophe Labbé et Olivia Recasens (ils signeront ensuite l'excellent *Place Beauvau*), nous découvrons, stupéfaits, avec Martinet, qu'un véritable système d'échange d'informations confidentielles existait entre les hommes du service – privé – de sécurité de Canal Plus et des services publics (police et téléphonie).

Rapidement l'Inspection générale de la police nationale ouvre une enquête, visant un policier, commandant au SCTIP (Service de coopération technique internationale de police) et ancien des RG de la préfecture de police de Paris... Ce dernier avoue avoir remis, le 12 juillet 2002, à Pierre Martinet, pour transmission à la cellule SSSI (Service sécurité des systèmes d'information) de Canal Plus, un relevé de soixante-six pages contenant des appels passés ou reçus par un salarié de Canal Plus entre le 1er mai et le 10 juillet 2002.

Rien ne manque. Ni le numéro appelé, ni la date, ni l'heure, ni la durée et la localisation des bornes activées par le mobile, qui permettent de reconstituer les trajets. Des données qui émanent directement des listings informatiques d'Orange.

Le policier qui s'est dénoncé lui-même auprès de sa hiérarchie, à la suite de la parution du livre de Martinet, prétend alors, devant la police des polices, qu'il aurait agi ainsi pour rendre service au n° 2 de la cellule de sécurité de Canal Plus, Gilbert Borelli. Ce dernier dément.

Nos surprises ne s'arrêtent pas là.

Les journalistes du *Point* finissent par trouver la preuve que le téléphone de Gaccio a été également écouté ! Des écoutes administratives, légales – elles – ont donc été autorisées par les services compétents qui enquêtaient alors sur un prétendu trafic de stupéfiants.

Le Point révèle que le portable de l'auteur des *Guignols* a bien été placé sous surveillance, et vingt-quatre heures sur vingt-quatre, en novembre 2002, par la brigade des stupéfiants de Paris. Orange a gardé la trace de cette réquisition judiciaire. Mais les « stups » se seraient rapidement aperçus que les accusations, apparemment portées de façon anonyme contre Gaccio, étaient totalement bidon. Ils auraient donc stoppé net leur enquête sur le patron des *Guignols* et son entourage.

Un autre ordre de réquisition de même nature aurait été donné, cette fois en mai 2003. Mais le commissaire divisionnaire chargé de l'exécuter aurait refusé d'obtempérer. Il en aurait ensuite subi les conséquences, se retrouvant placardisé, un an après, sur un prétexte et dans une autre enquête.

Comprenant que l'affaire prend un tour beaucoup plus compliqué que prévu, je pars à la chasse aux infos.

De rencontre en rencontre, je comprends que, là encore, deux clans et deux thèses – politiques – s'affrontent au sujet de la commandite des écoutes légales pratiquées sur Gaccio et ses proches.

Pour les uns, cela ne fait pas l'ombre d'un doute.

C'est Nicolas Sarkozy en personne, qui en serait le responsable. La date colle – novembre 2002 –, il est alors bien ministre de l'Intérieur. Le mobile ? Il n'aurait jamais pardonné à Gaccio un terrible portrait de lui en traître et, *Les Guignols* continuant de le maltraiter en permanence, il aurait décidé d'user de ses fonctions pour faire plonger Gaccio.

Rien de mieux que de bonnes vieilles écoutes pour lui « trouver quelque chose ».

Son responsable de la communication, Franck Louvrier, à qui je pose la question, dément.

Pour d'autres, la tentative de déstabilisation de Gaccio viendrait d'encore plus haut. Une enquête policière a bien été diligentée par les « stups » mais les écoutes auraient été autorisées et pratiquées à la demande des Chirac... La femme du président et son puissant entourage auraient été rendus furieux par un sketch des *Guignols* où sa marionnette se livrait à des ébats solitaires avec son sac à main dans une parodie de film pornographique… *Les Guignols* durent d'ailleurs s'excuser par courrier après la diffusion de ce sketch.

Mais le meilleur est à venir.

Un homme politique de gauche que je connais depuis dix ans veut me parler.

Absolument. En secret.

Nous convenons d'un rendez-vous téléphonique précis. Sur l'autoroute, je m'arrête dans une cabine téléphonique (!). Je l'appelle sur un numéro fixe. Il ne m'en dit pas plus et me donne un rendez-vous à Paris, quelques jours plus tard. Il a quelque chose d'énorme à me dire…

Surprise ! En trois jours, trois personnes différentes – cet élu de gauche, et deux journalistes, dont l'un est plutôt spécialisé dans les affaires policières et proche des équipes Villepin – me racontent exactement la même histoire.

La même, à la virgule près.

Voilà le scénario.

Un policier aurait été piégé. Il a témoigné et s'est fait enregistrer à son insu. Il expliquerait en gros, sur une cassette audio, les raisons précises des ennuis de Gaccio et le montage politique de l'opération au bénéfice de Nicolas Sarkozy.

Je reste sceptique.

Aucun de mes interlocuteurs ne me fait écouter cette cassette dont ils me parlent tous les trois, comme s'ils avaient pu en prendre connaissance…

L'intervention soudaine de cet homme politique dans l'affaire, sa manière de m'expliquer, dans un rendez-vous secret dans un petit café, que ces choses sont dangereuses et secrètes m'étonne. Ce n'est pas son genre. Je connais cependant ses relations avec un très grand flic chiraquien pur sucre, devenu préfet d'Île-de-France, Pierre Mutz…

Une fois, passe encore. Mais trois fois le même scénario, au mot près… Cela pue la manip' à plein nez.

Je me demande si une nouvelle opération du cabinet noir ne se joue pas sous mes yeux. En rebondissant sur les gênantes révélations du *Point*. Comme s'il s'agissait de « vendre » les époux Sarkozy comme les « commanditaires » probables des ennuis de Bruno Gaccio…

L'auteur des *Guignols*, avec qui je prends un café, semble alors lui-même persuadé que Sarkozy pourrait bien être le commanditaire. Pourtant, lors d'un dîner, une source gouvernementale de très haut niveau, et extrêmement bien renseignée, lui aurait affirmé que ce sont bien les Chirac qui lui en voulaient…

Que sas ?

Voilà comment, parti d'une « simple » affaire d'espionnage privé au sein d'une entreprise, je me retrouve de nouveau sur la route du cabinet noir.

Des indices ?

Les carnets d'Yves Bertrand, évidemment.

Le 22 mars 2002, six mois avant le début des écoutes, il écrit : *« Bruno Gaccio, les Guignols »*. Au-dessus, les initiales de Philippe Massoni, conseiller à la sécurité de Jacques Chirac à l'Élysée, ancien patron des RG et préfet de police de Paris. Comme si le bras droit du président pour les affaires de police venait de faire une demande au patron des RG, sur le père des *Guignols*.

Fin novembre 2002 le nom de Gaccio réapparaît dans les carnets. *« Marionnettiste a les Stups sur le dos. »*, écrit Bertrand. Suit cette précision : *« Juge l'a mis sur écoutes, gros trafiquant »*, ce qui est totalement faux ! Plus loin est indiqué le nom d'un conseiller de l'Elysée avec la mention : *« Affaire de Mme Chirac. »*

Ah…

Qui informe Bertrand ?

C'est un certain « GK ».

GK?

Comme les initiales de Gilles Kaehlin, le chef de Pierre Martinet, l'ancien RG, qu'il accuse dans le livre que j'ai publié…

Un Kaehlin qui affirme au *Point* : « *Je n'ai jamais travaillé sur Gaccio, par contre plusieurs services l'ont fait, dont sans doute les RG. On me fait porter un chapeau trop grand. Au plus haut sommet de l'État, on a voulu se débarrasser de Gaccio.* »

Vous noterez le « *Au plus haut sommet de l'État* »…

En tout cas, lorsqu'en novembre 2002, les « stups » mettent sous surveillance le téléphone portable de Gaccio, la réquisition judiciaire est également consignée dans les carnets Bertrand.

En attendant que l'affaire Kaehlin ne vienne très bientôt au tribunal, c'est jusqu'ici le seul Martinet qui a été poursuivi et condamné… pour violation du secret de la Défense nationale.

Des poursuites ridicules, diligentées à la demande tardive de Michèle Alliot-Marie, alors ministre de la Défense. Des poursuites qui pourraient bien avoir une dimension bien plus politique que militaire. Il fallait broyer Martinet pour occulter la réelle dimension politico-policière de l'affaire.

Je mentirais si je ne confiais pas ici que j'ai été « averti », avant la parution du témoignage de l'ancien agent secret, que cela risquait de se passer de façon « *musclée* ».

Quelques semaines avant la sortie du livre, une « connaissance » s'est mise à me parler soudainement de Pierre Martinet : « *Tu ne sais pas ce que tu fais. Tu es un irresponsable ! Tu ne sais même pas qui il était. Tu ferais mieux de te renseigner sur lui. Surtout, il a quitté la DGSE pour des raisons que tu ne connais pas. Tu vas au-devant de très graves ennuis toi-même. En plus, c'est un scandale de raconter ses souvenirs quand on a appartenu à la DGSE…* etc., etc. »

De l'intimidation bas de gamme.

J'ai écouté avec surprise la tirade bien apprise ; sans doute directement sortie d'un manuel de formation du boulevard Mortier, le siège de la DGSE, la fameuse « Piscine ». Au bout d'un bon gros quart d'heure de leçons en tous genres et de menaces à peine voilées, j'ai franchement jeté ce « conseilleur », en lui recommandant de bien faire savoir à ses amis de la DGSE que le livre sortirait.

« *Alors, tu vas vraiment avoir de très gros ennuis* », m'a lancé, blême de rage, l'« honorable correspondant » de la DGSE.

Les bizarreries concernant cette affaire ne s'arrêtent pas là.

Gilles Kaehlin, l'ancien chef de Martinet, a donc fait partie de la grande famille des RG. Par conséquent, il connaît bien Yves Bertrand, qui le cite dans ses carnets.

Bien évidemment, cela ne prouve rien du tout.

En revanche, une autre connexion, troublante, existe.

Alors que les plaintes contre Pierre Martinet commençaient à tomber, il nous est apparu assez évident qu'en termes de stratégie juridique il était nécessaire de dissocier la défense de Martinet de celle de son éditeur.

C'est justement à ce moment-là que l'un de mes auteurs me contacte. Un avocat tient absolument à me parler. Par son intermédiaire, très rapidement, Me Thibault de Montbrial entre en contact avec moi.

J'ai de très bons échos sur lui. Il se présente comme passionné par ce genre de dossiers. De plus, ancien parachutiste lui-même – une rareté au barreau –, il se sent évidemment bien des affinités avec un militaire de carrière et ex-para comme Martinet. Bref, l'affaire le motive et l'excite. Il me fait au demeurant une excellente impression au téléphone et souhaite rencontrer son futur « client » au plus vite pour prendre connaissance du dossier.

Je dois à la compétence et aux bons réflexes de l'un de mes avocats de ne pas avoir trop vite mis en relation Martinet et Montbrial.

Alors que Montbrial me relance nous étudions les affaires dans lesquelles il s'est illustré jusqu'alors.

Je suis saisi d'une frayeur rétrospective en découvrant simplement sur Internet que j'ai failli transmettre les dossiers de Pierre Martinet à l'avocat… d'Hubert Marty-Vrayance, cheville ouvrière du cabinet noir!

Un hasard opportun ramenait sur ma route le défenseur de l'un des principaux membres de la bande qui avait participé à la plupart des coups et autres intox partis du cabinet noir ces dix dernières années[1].

Bref, sans que ses compétences professionnelles soient en cause, la défense de Marty-Vrayance par Montbrial nous semble en faire l'avocat le moins indiqué pour Martinet.

Depuis cet épisode, Thibault de Montbrial s'est illustré dans un autre dossier où plane l'ombre du cabinet noir : l'affaire Clearstream. Thibault de Montbrial est le fils de Thierry de Montbrial, qui a dirigé le Centre d'analyse et de prévision (CAP) du ministère des Affaires étrangères (de 1973 à 1978) avant que Jean-Louis Gergorin ne lui y succède (de 1979 à 1984), et réunisse autour de lui une équipe pleine d'avenir comprenant le futur général Rondot et le jeune Dominique de Villepin.

Petit monde.

---

1. Marty-Vrayance, recasé comme commissaire principal aux Ulis (Essonne), a été mis en cause en janvier 2006 dans le cadre d'une enquête menée par un juge versaillais. Il était soupçonné d'avoir consulté le Système criminel des informations constatées (STIC), vérifié une plaque d'immatriculation et fourni l'identité d'une personne sur liste rouge. Il était plus globalement mis en cause dans un circuit de «corruption» au cœur duquel se trouvait une agence de détectives de Saint-Germain-en-Laye (Yvelines).

C'est à la demande de Jean-Louis Gergorin que Thibault de Montbrial rend visite dans son cabinet, sans l'avoir prévenu, au juge Van Ruymbeke. Les deux hommes se connaissent : Me de Montbrial est – aussi – le conseil de la veuve d'un officier taïwanais assassiné… dans l'affaire des frégates.

La suite est désormais connue de tous, les rencontres secrètes entre Gergorin, Van Ruymbeke, la nuit, au cabinet de Thibault de Montbrial, dont la secrétaire poste, en juin 2004, les fameuses lettres anonymes du corbeau et les listings falsifiés…

L'avantage avec les affaires de ce genre, c'est que les mêmes personnages réapparaissent régulièrement : Hubert Marty-Vrayance, Thibault de Montbrial…

À ce jour, alors que la juge Nathalie Turquey enquête depuis trois ans sur les différentes plaintes déposées par les uns et les autres, nous ne savons toujours pas officiellement si une autorité politique a ordonné qu'on fasse écouter le « Guignol ».

Ni laquelle.

Ni, surtout, pourquoi.

Mais, pour ma part, je commence vraiment à mieux connaître les méthodes du cabinet noir.

23. Cécilia et le cabinet noir.

La simple lecture des extraits des carnets secrets d'Yves Bertrand, bourrés d'anecdotes grivoises et de rumeurs invérifiables, suffit à comprendre que la vie privée des politiques passionnait le patron des RG.

Et tout particulièrement celle des époux Sarkozy…

Ainsi, le lundi 27 janvier 2003, Bertrand décrit, sur près de deux pages, le mariage de Nicolas Sarkozy avec sa première femme, ainsi que leur séparation. On découvre que, selon le petit télégraphiste des RG, « N.S. » aurait acheté pour elle un appartement au château de Madrid à Neuilly. On lit le récit d'une conversation téléphonique entre l'épouse et sa meilleure amie. Le sujet ? L'adultère. Les deux amies parlent entre autres de… Cécilia.

Une Cécilia qui revient souvent dans les carnets. Bertrand semble s'intéresser à son passé, lorsqu'elle n'était pas encore Mme Sarkozy. Ce serait « une fêtarde ». Le patron des RG semble notamment intéressé par les circonstances de sa séparation avec Jacques Martin.

Bertrand s'est-il contenté de tenir cet improbable carnet mondain ?

Rien n'est moins sûr.

Il faudrait être aveugle pour ne pas discerner, hors de ces carnets, la marque du cabinet noir dans l'exploitation publique des déboires privés des Sarkozy et les innombrables rumeurs qui ont fleuri dans Paris.

La rumeur de la ville. Toujours.

Il faut revenir à mai 2005 pour comprendre.

Le 22 mai, Nicolas Sarkozy annule sa participation à un journal de vingt heures de TF1. À une semaine d'une échéance comme le référendum sur la Constitution européenne, c'est étonnant. La violente migraine invoquée ne convainc personne.

Quatre jours plus tôt, un ministre, présent au forum de Pétra, en Jordanie (une réunion internationale réunissant une trentaine de prix Nobel), a aperçu, à sa grande surprise, Cécilia Sarkozy en compagnie d'un homme qu'il ne connaît pas et dont il apprend qu'il s'agit d'un très haut cadre de Publicis. Il fait chauffer son portable, à coups d'appels et de SMS.

Dans les premières heures où ces informations filtrent, je reçois, comme beaucoup, un nombre considérable d'appels me racontant cette histoire. Le « buzz » fonctionne à plein. En moins de vingt-quatre heures, plus aucun politique ou journaliste n'ignore la situation.

Un pic est atteint le samedi 21 mai.

Des proches de Jacques Chirac et de Dominique de Villepin transmettent, sans se cacher le moins du monde, l'information à qui veut bien l'entendre. Je suis persuadé que, comme d'habitude, rien ne va filtrer. En règle générale, notre système médiatique digère ce genre d'informations privées sans jamais les « recracher » au grand public.

Mais là, la machine s'emballe.

Exactement comme dans l'affaire Ambiel.

C'est d'un quotidien suisse, *Le Matin*, nourri abondamment par des sources parisiennes, que viennent les informations les plus précises. Ce que Paris cache encore est déjà accessible sur le site Internet du journal. Une agence propose aux rédactions des photos prises à Pétra. Mais personne ne va franchir le pas.

Des collaborateurs de Nicolas Sarkozy virent alors paranos. L'un d'entre eux a une information de première main à me donner. *« Une officine proche de la DST est à la manœuvre. »*

Le photographe auteur des photos de Pétra émargerait même au sein du service !

Évidemment, rien ne viendra jamais étayer cette improbable rumeur.

Pas davantage que les très sales histoires qui se propagent alors…

Dans tous les médias, il se trouve quelqu'un pour vous raconter, avec l'assurance de l'homme qui a vu l'ours qu'il y aurait eu des mots entre les deux époux. Plus même. Une gifle. Voire des coups. « On » parle de « main courante ». De « plainte ». « Untel » était présent avec « Bidule » dans un restaurant de l'Île de la Jatte. Les époux Sarkozy en seraient presque venus aux mains. Les officiers de sécurité ont confisqué les téléphones portables des clients pour vérifier qu'aucune photo n'avait été prise…

Du délire !

Avec pour sonner vrai le petit « détail » policier indispensable. Des calomnies qui poursuivront Nicolas Sarkozy pendant toute la campagne présidentielle, et notamment sur internet. La « main courante » imaginaire y resurgira des dizaines de fois de forums de discussions en forums de discussions.

Il y a une variante.

« On » m'explique sérieusement que des policiers auraient récupéré Cécilia Sarkozy de retour de Pétra à l'aéroport et que des policiers (le GIGN au moins !) l'auraient exfiltrée manu militari vers le Val-de-Grâce. Elle y aurait même reçu un traitement de choc !

Parmi ceux qui me confient ces balivernes, des journalistes, avec un bureau, un téléphone et une carte de presse et non des pensionnaires de l'hôpital Saint-Anne en permission de sortie !

D'autres vous assurent que Cécilia Sarkozy aurait surpris son mari en galante compagnie dans son bureau, ou dans un hôtel (cela dépend des jours). Les mêmes oublient qu'ils vous ont raconté la veille qu'« *on* » a « *apporté un dossier à Cécilia et qu'elle a vu des photos compromettantes de Nicolas en bonne compagnie* ».

Ce dernier scénario, souvent colporté dans le microcosme, figure de manière totalement transparente dans un « roman » à clés publié avant l'été 2006 par Dominique Ambiel et Antoine Rault, *Tsunami sur l'Élysée* : « *Une officine – appelons-la "Octogonia" – fait passer à l'épouse de l'ex-ministre de l'Intérieur (Nicolas Sarkozy n'était, alors, plus en fonction) un dossier compromettant : comptes rendus de conversations téléphoniques, photos de son époux accompagné dans un couloir d'hôtel et autres détails croustillants. Contrairement à ce qui se racontera par la suite, Cécilia Sarkozy n'est pas, à cette époque, la maîtresse d'un publicitaire français vivant à New York... Le dossier "Octogonia" va faire voler en éclats le couple star de la droite française... Fin avril 2005, sans faire ni une ni deux, Cécilia boucle ses valises, direction les États-Unis, mettant un océan entre Nicolas et elle.* »

Un passage du livre incriminant lourdement Dominique de Villepin vaudra au coauteur de Dominique Ambiel, Antoine Rault (jusqu'alors conseiller pour la presse du ministre de la Fonction publique, le chiraquien Christian Jacob), d'être remercié sur l'intervention expresse de proches de Dominique de Villepin.

La rumeur de la ville est féconde.

Ceux qui me font passer les derniers potins ne comprennent pas que je n'en fasse pas « quelque-chose ». Mais après la fausse arrestation d'Yvan Colonna et la fausse prise d'otages de Neuilly, j'ai déjà donné. Je me crois vacciné. Immunisé.

Tous ces « bruits de chiottes » viennent évidemment de la même adresse.

C'est encore via la filière suisse que vont sortir les coups les plus tordus : *Le Matin* prétend à son tour que si Cécilia s'est éloignée c'est en raison de l'infidélité de son mari. Et le journal d'évoquer le nom de la femme d'un proche.

Pendant cette période, le spectre de l'affaire Markovic[1] occupe les esprits sarkozystes : « *Et si, comme Georges*

1. Staven Markovic était le garde du corps d'Alain Delon. Après son assassinat en 1968, une lettre anonyme au *Figaro* dénonça des partouzes organisées

Pompidou, Nicolas Sarkozy devait subir les avanies de certains de ses "amis" politiques gaullistes ?».

Les rumeurs qui enflamment le Tout-Paris contraignent Nicolas Sarkozy à s'exprimer sur le sujet, le 26 mai, à la télévision. Le lendemain, les époux Sarkozy s'envolent en fin d'après-midi pour l'Espagne. Dès le dimanche après-midi dans les rédactions circulent les photos de leur journée en « amoureux » à Madrid (dans les arènes). Ils ont même dîné avec Juan Carlos.

Il ne s'agit pas de photos volées, mais bien d'une opération montée par l'entourage du président de l'UMP. *Paris-Match* va participer de bon cœur à cette mise en scène à laquelle s'ajoute une photo prise le mardi suivant (le 31 mai) à l'Hôtel Bristol. Les époux Sarkozy y déjeunent dans les jardins de l'hôtel.

Mais derrière les légendes paisibles de *Paris-Match*, les rouages du plan de com' tournent un peu à vide. Un témoin – que nous appellerons Max – a assisté par hasard à la séance du Bristol. Habitué des lieux, Max travaille fréquemment dans le lobby de l'hôtel qui lui sert de bureau de fortune. Ce mardi 31 mai, il voit arriver les Sarkozy qui s'installent dans le jardin, en tête-à-tête. Max capte également la présence d'un

par un de ses proches, un truand membre du SAC. Des photomontages de ces soirées circulèrent dans Paris où, selon la rumeur, figurait la femme de Georges Pompidou, alors en congé de la République et s'apprêtant à succéder au général de Gaulle.

photographe planqué, visiblement chargé d'immortaliser la scène.

Pour le compte de qui ? La réponse sera dans *Paris-Match*.

Mais le climat est tendu. Le ministre se rapproche de son épouse qui accueille le geste peu chaleureusement. Bref, tout ne se passe pas pour le mieux. Se saisissant de son téléphone portable doté d'un appareil photo, Max mitraille la scène. Le patron de l'hôtel, vigilant, lui interdira ensuite de faire le moindre usage de ses photos.

C'est la semaine où les Français répondent « non » au référendum sur la Constitution européenne.

Le 31 mai, après cet échec cuisant, que peu ont vu venir, Jacques Chirac accepte la démission de Jean-Pierre Raffarin et nomme Dominique de Villepin Premier ministre. Le Président annonce en même temps le retour de Nicolas Sarkozy *« à qui [il a] demandé dans un esprit de rassemblement de rejoindre le gouvernement comme ministre d'État »*.

Sarkozy viré du précédent gouvernement retrouve l'Intérieur. À peine arrivé Place Beauvau, le 1er juin, le ministre met les points sur les i. Il fait savoir, et demande que cela soit répété lors d'une réunion de parlementaires de l'UMP (un petit déjeuner organisé par Édouard Balladur), qu'il revient à l'Intérieur pour nettoyer le ministère de la présence de ceux qui – du ministère même – avaient conspiré contre lui et sa famille : *« Des officines qui depuis six mois ont pris* [*sa*] *famille pour cible. »*

Le cabinet noir évidemment.

Sarkozy ajoute même : *« Je vais redevenir le patron de ceux qui font actuellement des enquêtes sur moi. Il y en a qui doivent mal dormir depuis qu'ils savent que je reviens. »*

Les sarkozystes annoncent des « décapitations » en nombre.

Dès le vendredi 3 juin, une tête tombe. C'est un lampiste qui trinque. Le préfet Gérard Dubois est limogé. Ce haut fonctionnaire de la préfecture de police de Paris, chargé de mission auprès du préfet de police de Paris – le très chiraquien Pierre Mutz –, et directeur en charge de la communication depuis douze ans, est viré comme un vulgaire planton. Il est soupçonné d'avoir alimenté les conversations sur les Sarkozy, dans les dîners en ville, puisqu'il fréquente le Tout-Paris médiatique.

Mais c'est bien le cabinet noir qui est au cœur de toutes les conversations. Yves Bertrand est dans le collimateur.

Certains ministres aussi sont cités.

Ainsi, un mail qui, transitant par la mairie de Meaux et racontant les tourments de Nicolas Sarkozy, a eu le malheur d'atterir en copie dans la boîte mail d'un proche du président de l'UMP. Cela vaudra à Jean-François Copé quelques sérieux ennuis alors qu'il est hors de cause.

Les sarkozystes laissent entendre que le couple va se donner l'été qui approche pour « y voir plus clair ». Le 14 juillet 2005, Nicolas Sarkozy organise une sorte de contre-conférence de presse dans son bureau, au moment même où le président de la République s'exprime à la télévision. Revanchard, le président de l'UMP compare Jacques Chirac à Louis XVI jouant avec ses serrures alors que le peuple gronde. Le ministre se livre même à quelques confidences privées.

Vanessa Schneider rapporte ainsi le lendemain dans *Libération* des propos très directs. Concernant son alliance d'abord : *« Je la mets, je l'enlève, je la mets, je l'enlève, je vous emmerde. »* Surtout, le ministre de l'Intérieur abonde de lui-même les nombreuses liaisons qu'on lui prête alors dans les dîners en ville : *« Je suis traité comme personne n'est traité. Je subis. Je ne peux plus rien faire, je ne peux sortir nulle part. Je ne peux pas aller au restaurant avec quelqu'un de non répertorié sinon je risque de me retrouver en photo sous un titre : "la nouvelle copine de Sarkozy". »* On apprend alors que le ministre a porté plainte contre *Le Matin* : *« Je ne peux pas laisser dire que je suis l'amant de la femme d'un ministre (...). Je passe mon temps à m'excuser auprès des maris de femmes que je ne connais même pas, c'est gênant. »*

Il est vrai qu'à l'époque n'importe quoi circule dans Paris. Nicolas Sarkozy serait l'amant d'une journaliste très en vue, d'une princesse monégasque – non, en fait, il s'agirait d'une journaliste corse, d'où ses voyages à répétition sur l'Île de Beauté –, d'une collaboratrice et même, pour finir, d'Emmanuelle Béart !

Du bidon, évidemment.

Des racontars qui parfois recoupent de manière troublante certaines des « trouvailles » figurant dans les carnets d'Yves Bertrand.

L'été est bien entamé, mais la presse ne fait pas relâche et tous les journaux couvrent les vacances solitaires du ministre. En vérité, les rédactions des journaux people s'épient du coin de l'œil. Des photos de Cécilia et Richard Attias circulent sous le manteau. Qui va oser ?

Le 25 août 2005, la photo de Cécilia Sarkozy et Richard Attias (aujourd'hui son époux) à New York fait la couverture de *Paris-Match.*

Ce jour-là, Nicolas Sarkozy presse le pas pour échapper à la pression des médias. Il se rend à une réunion avec ses proches collaborateurs. Le ministre ouvre la séance. Il n'élude pas le sujet du jour : *« C'est une saloperie de plus qui m'est faite mais je ne veux pas répondre à chaud pour donner le sentiment de participer à tout cela. En tout cas, je suis le premier homme politique français traité de la sorte »*, lâche-t-il.

Pour le député sarkozyste que j'ai en ligne, peu après que la une de *Match* soit connue, il ne fait aucun doute que c'est directement une opération téléguidée depuis le sommet de l'Etat. C'est *« quelque part entre Matignon et le Faubourg Saint-Honoré »* soit disant qu'on aurait lourdement poussé à la publication de ces photos volées.

« Comme par hasard cela tombe le jour du Conseil des ministres, à quelques encablures des "cent jours de Villepin". Le but est clair : plomber la rentrée de Nicolas. C'est une évidence. » Le député imagine même l'existence d'un deal passé avec les dirigeants du groupe qui publie le journal. En fait, Alain Genestar, le patron de *Match*, aurait bien placé Arnaud Lagardère devant le fait accompli. De sa propre initiative ? Encouragé ? Il y perdra sa place quelques mois plus tard.

D'où qu'on prenne cette incroyable séquence de quatre mois, la révélation incroyablement publique de la liaison de Cécilia Sarkozy est un tel précédent dans la vie politique française que des questions se posent.

Forcément. Et bien davantage encore lorsque l'on découvre l'intérêt d'Yves Bertrand pour Cécilia dans ses carnets.

Bien sûr, Nicolas Sarkozy est le premier responsable de ses ennuis. Parce qu'il a trop utilisé politiquement, instrumentalisé même, sa vie privée. Mais il est évident que sans des adversaires puissants et déterminés à la manœuvre, jamais de telles bornes n'auraient été franchies.

Dans notre pays, latin, où bien des hommes politiques ont – au moins – deux vies mais ne divorcent – presque – jamais, il était jusque-là inimaginable que *Match* fasse d'un tel sujet une simple brève. Alors sa une...

Le cabinet noir pourrait ainsi avoir contribué à faire singulièrement évoluer les mentalités des pudiques journalistes français sur la frontière privé/public...

24. Black man.

Septembre 2005. C'est la rentrée. Je reçois un appel de Guillaume Dasquié.

Guillaume est l'un des auteurs avec qui j'ai travaillé régulièrement chez Denoël et Privé. Spécialiste des questions de renseignement, il est notamment l'auteur de deux livres sur al-Quaida.

Au bout du fil, il semble ennuyé, et veut me voir.

Guillaume est embarrassé, des *« gens »* lui disent que j'ai mis le nez dans une affaire qui ne sentirait pas bon. Des *« gens de haut niveau »*. C'est la première fois, d'ailleurs, qu'il entend mon nom cité *« à ce niveau-là »*.

Je m'étonne.

De quoi s'agit-il ?

« *Clearstream* ».

Je marque un temps d'arrêt.

Je n'ai jamais encore travaillé sur cette affaire. Aucun des auteurs de Privé n'a de projet concernant ce dossier que Denis Robert laboure depuis des années (je n'ai pas vraiment suffisamment bien lu ses deux gros bouquins parus en 2001 et 2002 pour comprendre l'affaire).

Non, vraiment, je ne vois pas.

– C'est bizarre, parce que le bruit est insistant.

Guillaume me fait comprendre gentiment qu'il y a le feu.

– Sais-tu ce qu'est un *black man*?

Nous sommes à la terrasse d'un café du boulevard Saint-Germain et Guillaume me regarde dans les yeux, mâchoires serrées, insistant. Cette question me prend à froid. Elle résonnera je crois dans ma tête encore pas mal de temps…

Guillaume vient de me faire basculer quelque part entre Tommy Lee Jones dans *Men in Black* et Sydney Bristow (Jennifer Garner), l'héroïne de la série *Alias*. Tout ce que j'aime, au cinéma… Mais là, je sens déjà que je vais moins aimer. Non, les *black men*, je ne connais pas. Pas du tout.

Dasquié m'explique.

– Dans les milieux des affaires, de la politique, du renseignement, à très haut niveau on utilise des types de ce genre.

– Combien ?

– Une dizaine. Ces types arrangent les problèmes. Il y a un problème ? Ils ont la solution. Je connais bien l'un de ces *black men* et il m'a parlé de toi avec insistance. Il m'a questionné. D'après lui, tu serais en train de déconner. Je lui ai dit que cela m'étonnerait que tu sois mêlé à quoi que ce soit. Mais bon, il vaudrait mieux que tu le voies quand même. Pour qu'il t'explique. Ou plutôt que tu t'expliques...

L'homme passe sa vie en voyage dans le monde entier à traiter des dossiers ou à remplir des missions, mais il doit passer bientôt par la France.

– « *C'est une aubaine* », m'assure Guillaume. « *Nous allons pouvoir évoquer ensemble ce qui ne va pas.* »

Un rendez-vous est pris une première fois. Il sera décalé. Nous allons finalement déjeuner tous les trois, chez Guillaume, le 12 octobre 2005.

J'arrive en avance. Encore. Je tourne en rond dans son quartier piétonnier.

Je suis serein mais un peu tendu quand même. Guillaume est relax. On sonne. C'est donc Gerard Willing. Il a la cinquantaine passée et ne ressemble malheureusement pas à Sydney Bristow. Ni même à Tommy Lee Jones. Encore moins à Jack Bauer.

Sec. Un peu dégarni. Une bizarre casquette. Un jean élimé.

Il n'y a pas d'entrée en matière. Il s'assoit à côté de moi sur le canapé de Guillaume, dans son salon très zen. Guillaume reste un peu à l'écart. Willing pose sur la table un document qu'il me présente comme l'un des listings du corbeau de Clearstream. Je ne sais pas bien s'il l'avait sous le bras en arrivant ou bien si Guillaume l'a sorti de l'un de ses tiroirs « magiques ».

C'est la première fois que je vois ce document « en vrai ».

Gerard Willing commence à l'analyser et me montre des listes de noms propres. Et des numéros de comptes en face. Des noms que je connais. Un premier : Philippe Delmas. Une seconde entrée : une filiale d'Euro-RSCG.

Voilà, m'explique Gerard Willing :

– « On » me dit que vous travaillez dans cette affaire pour et avec Philippe Delmas et Stéphane Fouks (le patron d'Euro-RSCG). De l'argent, beaucoup d'argent, transite pour eux, via votre maison d'édition, Privé.

Gerard de me faire comprendre qu'en fait, il pense que je suis impliqué dans cette histoire de manipulation à grande échelle. Je ne comprends pas bien comment, mais ça n'est pas très grave… Il m'assure que, par ailleurs, je ferais aussi partie de ceux qui voudraient l'impliquer lui, à tort, dans l'affaire.

Je suis estomaqué.

D'abord, lui, je ne le connais pas.

Donc, je me vois mal le mouiller dans une embrouille à laquelle je ne comprends rien.

Ensuite, je connais effectivement bien les deux personnes dont il me parle.

Philippe Delmas d'abord. Je l'ai rencontré en 1993, mais je ne l'ai plus revu depuis au moins deux ou trois ans. Jean-Louis Gergorin est devenu le pire ennemi de Delmas qui avait été son adjoint. C'est une grosse tête. L'ancien vice-président d'Airbus.

Le 7 mai 2004, quelques jours après la réception d'une première lettre anonyme envoyée par le corbeau, le juge Van Ruymbeke a fait interpeller Philippe Delmas alors qu'il se trouvait à Toulouse où il avait assisté à la présentation de l'Airbus A380. Placé en garde à vue, Delmas s'est vu confisquer son portable et son appartement parisien a été perquisitionné.

À l'issue de sa garde à vue, aucune mise en examen ne lui a été signifiée. Quelques mois plus tard, Renaud Van Ruymbeke lui a restitué divers objets saisis et l'a innocenté complètement. Delmas a depuis porté plainte pour dénonciation calomnieuse.

Quant à Stéphane Fouks[1], c'est le grand patron de ma compagne, mais surtout mon vieux pote de fac. Nous nous connaissons depuis les années 1980 et nous voyons deux ou trois fois par an avec bonheur. Mais pas vraiment pour échanger des valises de billets !

Le point commun entre les deux : Fouks et Delmas sont proches et Euro-RSCG conseille Airbus. Mais je n'ai rien à voir avec cela.

J'explique brièvement à Gerard Willing à quel point tout cela me semble ridicule. Je lui propose de se balader sur le compte des éditions Privé pour vérifier, ou même sur le mien s'il le souhaite.

Je lui fais comprendre fortement que, vraiment, si c'est cela l'histoire qui l'amène, elle est juste nulle et ses tuyaux percés.

Quant à ses sources…

Je dois être convaincant – l'indignation sans doute – parce

1. Stéphane Fouks est Chief Executive Officer d'Euro-RSCG.

que Gerard, informé sur le bout des doigts sur mon CV, qui me détaille mon pedigree au millimètre, a l'air de piger rapidement que quelque chose ne tourne plus rond dans son scénario.

Guillaume réapparaît enfin de sa petite cuisine.

– Madame est servie !

Je m'enhardis et, ayant réfléchi pendant tous les hors-d'œuvre, je tends une perche à Willing. Il est venu me voir parce que quelqu'un lui a expliqué que je trempais dans cette affaire et que je pouvais lui ou leur faire courir un risque, si je racontais ce que je sais.

Il ne dément pas.

Je vais donc lui expliquer le seul maigre lien qui, à ma connaissance, peut me rattacher au dossier Clearstream.

Et devant un Guillaume plutôt étonné je déballe à Gerard toute l'histoire que vous connaissez désormais : depuis la rencontre avec Yves Bertrand en mai 2004 jusqu'à la discussion dans le bureau de Nicolas Sarkozy en février 2005 où le président de l'UMP m'explique les ressorts de la manip' montée contre lui.

Après m'avoir écouté, Gérard reprend la parole. Il est cette fois *« définitivement convaincu »* de ma bonne foi. « On » l'a vraisemblablement mobilisé pour m'effrayer. Mais sa ou ses sources l'ont manipulé. Ou alors ces sources l'ont induit en erreur à mon sujet parce qu'elles-mêmes avaient été manipulées précédemment par d'autres.

Deux bandes.

Ou trois.

Lui semble voir pourquoi. Par qui. Comment.

Moi pas du tout.

Mais l'essentiel après tout n'est-il pas que nous nous quittions bons amis ? Le déjeuner désormais détendu et passionnant se poursuit jusqu'à quinze heures quarante-cinq environ.

Je découvre des bribes de la vie étonnante de cet agent qui, derrière les couvertures du lobbying et de l'intelligence économique, démêle au quotidien des affaires entre « services » ou des conflits vérolés entre patrons du CAC40.

Un jour aux côtés de l'un. Une autre fois dans le camp d'en face. Une sorte de mercenaire international. Gerard Willing a son rond de serviette chez de nombreux patrons de services secrets du monde entier. Guillaume me le confirmera. Pas un mythomane du tout. À côté de sa fréquentation du gratin des 00 quelque chose des services étrangers, j'ai vraiment l'air malin, moi, avec les Pieds Nickelés qui me collent au train depuis 2002 !

Comment quelqu'un a-t-il pu déranger un pedigree pareil pour moi ?

Et, surtout, comment a-t-il pensé nécessaire de se déplacer ?

Par un complexe jeu de dominos quelqu'un m'a envoyé Gerard dans les pattes.

Pour me « tamponner ».

Me foutre la trouille, en bon français.

25. « Le coupable idéal ».

Lorsque je fouille dans mes petits carnets (eh oui, moi aussi, je note tout...), c'est au 11 juillet 2006 que je retrouve la trace de ma première rencontre avec Imad Lahoud, l'un des suspects de l'affaire Clearstream. C'était dans le rutilant cabinet de son avocat Olivier Pardo, avenue de Wagram.

Depuis six mois, Imad Lahoud, ancien trader, marié à la fille de François Heilbronner, mis en cause dans la chute d'un fonds d'investissement, est au cœur du maelström judiciaire. Jean-Louis Gergorin a longtemps affirmé que les faux listings lui avaient été fournis par une mystérieuse « source »... Imad Lahoud, selon lui, qu'il avait fait engager à EADS et avec lequel il était en contact quasi permanent.

Alors que le présumé corbeau est devenu un bavard impénitent et a multiplié les déclarations contradictoires dans la presse, Imad Lahoud est resté silencieux, se contentant de proclamer devant les juges qu'il n'était pour rien dans cette affaire.

Colette – c'est un pseudonyme – m'a appelé quelques semaines plus tôt. Elle m'a demandé si je ne pensais pas que ce serait *« un sacré bon coup »* de proposer à Imad Lahoud, l'informaticien mystérieux, l'homme accusé d'être le falsificateur des listings, de raconter sa version de l'affaire Clearstream.

Elle se propose donc d'organiser un rendez-vous avec son avocat, justement un vieil ami à elle. Le genre de rencontres qui ne se refusent pas. Surtout lorsque l'on est un éditeur indépendant, déjà aux abois après deux ans d'existence, à l'affût du moindre bon coup pouvant booster les ventes.

Lorsque j'arrive ce jour-là, Lahoud m'attend. Silencieux, il me regarde en coin. Puis il commence par me tester, en me demandant ce que je connais de l'affaire Clearstream. Je lui expose mes médiocres connaissances. Et mon incompréhension de ce gigantesque Barnum politico-financier…

Je pige rapidement que son problème est d'abord d'ordre économique. Il lui faut d'urgence trouver une confortable somme d'argent lui permettant de payer la caution lui évitant la prison, soit quarante mille euros. D'où l'idée d'écrire un livre et d'obtenir une bonne avance.

Un premier éditeur l'a éconduit, ne voulant pas sortir tant d'argent.

Voyant une opportunité sérieuse de faire un coup éditorial à la veille de la présidentielle, je décide d'y aller. Après en avoir discuté et obtenu l'accord de mon associé, Michel Lafon, nous signons un contrat.

Je trouve un excellent journaliste pour « accoucher » Lahoud, qui l'adopte rapidement.

Nous mettons au point entre nous un système de communication sophistiqué. L'une de mes collaboratrices, Marion, d'origine libanaise, fixe dans leur langue les rendez-vous entre Lahoud et son nègre.

Tous les messages que je veux lui faire passer transitent par ce même canal sécurisé. Nous ne communiquons qu'en libanais par l'intermédiaire de Marion (et dans un dialecte apparemment particulier) ; le tout de manière à déjouer la surveillance probable de sa ligne téléphonique. Et des nôtres.

La plupart du temps, notre journaliste va travailler au domicile de Lahoud. Je suis assez fier de la belle discrétion de ma « petite affaire »... Jusqu'au jour où le journaliste m'explique qu'il a croisé, à deux rues de chez Lahoud, un officier des renseignements généraux de sa connaissance, qui lui a demandé, un sourire aux lèvres, si *« tout se passe bien »...*

Autant dire que nos ruses de Sioux n'ont trompé personne !

Après plusieurs mois de travail, une version satisfaisante et vivante est remise à Lahoud, qui la corrige à sa sauce. Un certain nombre d'informations et de détails précis dans son témoignage, que nous trouvons inédits et intéressants, disparaissent comme par enchantement après une relecture attentive de Lahoud et de son conseil.

Mais c'est la loi du genre.

C'est son livre, sa vérité, pas LA vérité, si tant est, d'ailleurs, que quelqu'un soit capable, un jour, de la démêler dans cette affaire.

Il demeure cependant des passages forts, à défaut d'être vérifiables.

Comme ceux qui montrent un Nicolas Sarkozy informé en temps réel de la cabale montée contre lui. Ou les pages gênantes pour le candidat de l'UMP dans lesquelles Lahoud prétend que Nicolas Sarkozy, en personne, a fait pression sur lui lors de rendez-vous secrets, pour tenter de savoir qui est derrière la manipulation Clearstream.

Pour le reste, Jean-Louis Gergorin est l'unique cible de Lahoud. Nulle trace de cabale vraiment politique ni de cabinet noir. Juste une brochette d'acteurs du dossier (journalistes, industriels, espions, flics, politiques, juges, avocats...) qui pensent chacun, à un moment donné, qu'ils vont profiter d'une situation qui dérape pour régler de vieux comptes...

Bref, Imad Lahoud fait le récit d'une mayonnaise montée trop vite et trop fort, qui arrange tout le monde. Une version des faits évidemment personnelle, que Lahoud résume en une phrase volontairement légère qui ouvre sa conclusion : « *Au bout du compte, cette histoire est un peu celle du Père Noël. Tout le monde sait qu'il n'existe pas, mais chacun voudrait quand même y croire.* »

Je sais bien que la « thèse » de Lahoud n'est probablement pas tout à fait la bonne, mais je suis aveuglé par la nécessité de réussir un coup commercial pouvant permettre à Privé, en difficulté, de sortir la tête de l'eau.

Je sais aussi que Nicolas Sarkozy, candidat à la présidentielle, s'énerve de la parution de ce livre à la veille du premier tour. Mais je ne sors pas des livres pour faire plaisir à tel ou tel politique, serait-il favori de la présidentielle. Je l'avais déjà montré avec Arnaud Montebourg ou Éric Halphen chargeant Chirac avant la présidentielle 2002.

Surtout, un éditeur n'est pas toujours d'accord, voire raccord, avec tous les auteurs qu'il publie dans l'année.

Bref je suis relativement serein…
Relativement…

En fait, plus l'échéance de la parution se rapproche, plus des clignotants s'allument au rouge autour de moi. Notamment quelques articles bien informés qui rapportent des rencontres entre Imad Lahoud et Brigitte Henri, une commissaire de haut vol des renseignements généraux, très discrète et très efficace, elle-même très proche – devinez? – d'Yves Bertrand.

Je questionne évidemment Imad sur le sujet.

Pourquoi ces rendez-vous avec Brigitte Henri ? Connaît-il Yves Bertrand ? L'a-t-il rencontré ? Il me renvoie, avec sa faconde toute libanaise, à une histoire suffisamment incompréhensible et convaincante à la fois ; pour que j'évite d'en reparler avec lui.

Imad est un surdoué de la palabre.

Aveuglé par mes problèmes, je ne veux pas comprendre que j'occulte probablement un détail d'importance...

Le livre est prêt, en passe d'être publié quelques jours avant le premier tour de l'élection. J'en trouve le titre qu'Imad adopte d'emblée : *Le Coupable idéal*...

Aussi incroyable que cela paraisse, je ne me rends pas compte à l'époque qu'il s'agit exactement du titre du fameux « livre », inspiré par Yves Bertrand, que Jean-Paul Guillaume voulait publier sur Yvan Colonna. Je le découvre en reprenant mes notes pour écrire ce livre. Mon inconscient m'a joué un tour !

Je pars à la mer pour des vacances avec le bouquin imprimé sous le bras. C'est, dans mon souvenir, le jour même de sa sortie, ou la veille, que mon éditrice, Sophie, m'appelle dans ma petite maison de Trouville. Nous venons de recevoir au bureau un avis de contrôle fiscal.

J'informe Lahoud que ça commence fort.

Alarmiste, il m'annonce en fin de journée, après avoir mené sa propre enquête, que d'après ses informations, je vais aussi subir un contrôle fiscal, mais à titre personnel... La joie !

Un peu énervé par cette perspective, je décide d'agir. Il se trouve qu'à l'époque mon ami d'enfance est précisément ministre et en charge du Budget. Je téléphone directement à Jean-François Copé pour lui demander ce qu'il pense de la coïncidence entre la sortie du livre de Lahoud et le contrôle fiscal de Privé...

Il n'est pas au courant du contrôle – normal – et me garantit que personne ne lui a demandé d'en initier un. D'après lui c'est un pur hasard ; il me demande cependant de le tenir au courant tout en m'expliquant bien qu'il ne pourra évidemment strictement rien faire.

D'après lui, ce n'est pas une opération politique. Je lui demande si son prédécesseur à Bercy, Nicolas Sarkozy, a le pouvoir de déclencher ce genre de joyeusetés.

Cela ne se peut pas me répond-il.

Je reste donc avec mes interrogations.

Et notre contrôle fiscal…

Le 22 avril, Nicolas Sarkozy écrase le premier tour de la présidentielle.

Quelques jours plus tard – les hasards de la vie… – mon associé, Michel Lafon, m'annonce dans son bureau, en mâchonnant fébrilement son cigare et en regardant ses pompes, toujours impeccablement cirées, que les éditions Privé continuent sans moi. Mes collaboratrices vont s'installer dans ses bureaux, sur l'île de la Jatte, à Neuilly. Presque juste en face de l'ancien appartement des Sarkozy!

27. Gergorin piégé ?

Le livre d'Imad ne se vend pas suffisamment. Le contrôle fiscal de Privé ne donne rien.

Sarkozy est élu.

Je quitte la boîte que j'ai créée.

Saqué.

Le 31 août 2007, de retour de vacances, je déjeune avec mon ami, l'avocat Patrick Klugman, au Café de Flore.

Je tourne la tête à droite. À la table juste à côté de la nôtre je vois Gerard Willing. Mon *Black man* est assis là, près de nous, en train de boire un verre.

Deux ans après…

Je le salue. Nous commençons à discuter tous les trois. Puis nous convenons de nous revoir vite, Gerard et moi.

Le 3 septembre, à neuf heures, nous nous retrouvons pour prendre un petit déjeuner. Après les politesses d'usage, je demande à Gerard si je peux lui demander quelque chose. Cela tombe bien, lui aussi a justement une question pour moi. Je veux savoir pourquoi, un an plus tôt, il m'est si salement tombé dessus, chez Guillaume Dasquié, en me prêtant un rôle bidon dans l'affaire Clearstream.

Gerard répond et confirme mes soupçons. Quelqu'un l'a bien orienté dans ma direction. Jean-Louis Gergorin... Convaincu que je m'apprêtais à sortir je ne sais quelles révélations sur son rôle exact dans l'affaire Clearstream... Une affaire dont j'ignorais alors totalement le commencement du moindre développement.

Après, j'ai été rattrapé par Clearstream en décidant de publier Lahoud. Mais au moment où Gerard a déboulé dans mes pattes, je n'avais strictement aucun rapport avec ce dossier. Si ce n'est que Nicolas Sarkozy l'avait évoqué devant moi, dans son bureau de l'UMP, en février 2005.

C'est justement au sujet du livre de Lahoud que Gerard a une question pour moi. Selon lui, Lahoud a commis une erreur dans son texte. Gerard veut savoir si elle est délibérée ou involontaire.

À ce moment-là, je passe dans une autre dimension...

Imad raconte dans son livre (c'est l'une des révélations de son témoignage) que Jean-Louis Gergorin a remis des BlackBerry©, ces portables sophistiqués et protégés qui permettent d'échanger des mails, à tous ses correspondants de l'opération Clearstream afin qu'ils puissent communiquer entre eux en circuit fermé.

Ces téléphones portent tous des noms de villes (Amsterdam, Bruxelles, Dublin, Londres, Madrid, Moscou, Munich, Paris, Toulouse, Varsovie).

Eh bien, me raconte Willing, Imad se serait trompé sur le possesseur de l'un de ces BlackBerry©. Celui qui était appelé Munich, c'est en effet lui, Gerard, qui le détenait... Alors qu'Imad l'a attribué dans le livre au juge Renaud Van Ruymbeke.

Je tombe à la renverse. Gerard fait partie du réseau Gergorin. Je ne comprends absolument plus rien. Gerard veut savoir si Imad s'est trompé ou s'il l'a fait exprès.

Black man m'explique qu'il connaît Gergorin depuis très longtemps et qu'il a accompli des «missions» pour lui. De retour de l'une d'entre elles, aux États-Unis, les deux hommes ont eu une discussion. Cela se passait vers la fin 2003. Jean-Louis Gergorin aurait demandé à Gerard de lui donner les noms de spécialistes des circuits financiers, capables de blanchir des sommes importantes... Méfiant ou précautionneux, pour pouvoir suivre les utilisations de son travail, Gerard a donné deux noms dont il possédait le copyright : un nom inventé et un second nom, réel, mais avec une minuscule faute d'orthographe.

Pourquoi a-t-il fait ça ?

Quel était son objectif en abusant Gergorin ?

Je ne connais pas la réponse.

En tout cas, les deux noms sont réapparus tels quels dans les faux listings de Clearstream… C'est de cela dont Gerard veut discuter avec Lahoud. Il a été entendu sur ce sujet par la DST en 2004. Il leur aurait alors expliqué son petit jeu. En juin 2007, les policiers en charge du dossier Clearstream l'ont auditionné sur le même thème. Mais les juges se refusent à prendre en compte ce témoignage pourtant important, qui pourrait accréditer la responsabilité de Jean-Louis Gergorin dans la falsification des listings, alors que sa ligne de défense a toujours été qu'il a été abusé par Imad Lahoud.

Vous pensez que j'exagère ?

Voici donc un petit article publié dans *Le Point*, quelques semaines après ma rencontre avec Gerard…

« *C'est un témoignage passé inaperçu, et pourtant édifiant. Interrogé par la police le 15 juin, Gerard Willing, ancien journaliste devenu consultant en intelligence économique, a livré un détail qui compromet davantage Jean-Louis Gergorin dans la falsification des listings bancaires à l'origine du scandale. Il affirme avoir retrouvé sur les documents trafiqués les noms d'hommes d'affaires russes qu'il avait lui-même livrés à l'ancien vice-président d'EADS, dont il était l'un des contacts réguliers dans le monde du renseignement. "Vers la fin 2003", a-t-il raconté, Gergorin lui aurait demandé "qui étaient les gros bonnets des circuits financiers occultes qui auraient la capacité de blanchir des sommes massives". Rompu aux manipulations, Willing dit lui avoir répondu en utilisant "une technique classique" : il cita notamment à Gergorin un dénommé "Cayban", dont le nom s'écrit en réalité "Çayban". Or la même faute d'orthographe s'est retrouvée sur les listings. Autre point troublant : Willing dit avoir révélé cette coïncidence accablante à la DST dès l'été 2004. Sans conséquence…* »

Revenons au petit déjeuner du 3 septembre.

Abasourdi, je promets à Gerard que je vais demander à Imad s'il accepterait de le rencontrer.

Dès le vendredi 7 septembre, je vois donc Lahoud. Connaît-il Gerard Willing ? Immédiatement il connecte. Il ne l'a jamais croisé, mais il sait que c'est un gros poisson du renseignement, l'un des consultants les plus costauds auxquels Gergorin avait recours.

Je lui explique, comme je peux, ce que j'ai appris. Le BlackBerry© et les deux noms propres. Imad paraît étonné par l'erreur d'attribution du portable, mais il comprend le bénéfice qu'il peut tirer d'une telle rencontre. Rendez-vous est pris pour un déjeuner le 11 septembre… Cela ne s'invente pas !

Gerard s'est déguisé pour l'occasion en agent secret : il porte un véritable Stetson, du meilleur goût (j'ai vérifié la marque), qui me rappelle les chapeaux qu'avaient certains membres de The Specials, un groupe de ska des années 1980 ! Les premières minutes sont tendues dans le petit restau en face de chez l'avocat d'Imad. Avant de venir, il a lu la déposition de Gerard devant la police.

Il est flagrant, à les observer, que les deux hommes ne se connaissent effectivement pas.

Vous dire que j'ai tout compris de leurs échanges serait aussi exagéré que présomptueux ! En tout cas, je suis absolument certain que ces foutus faux noms glissés par Willing à Gergorin sont une information importante pour la compréhension de l'affaire. Voyant là une manière de montrer qu'il n'est pas le falsificateur – ou le seul falsificateur… –, Lahoud décide de demander aux juges à être confronté à Gerard, en ma présence.

Voici un extrait d'un papier de Mathieu Delahousse, paru dans *Le Figaro*, le 23 avril 2008.

« *Un nouveau personnage.*
Il s'agit d'un témoignage délivré aux policiers en juin dernier. Un consultant du nom de Gerard Willing assurait avoir "retrouvé sur les listings une faute d'orthographe d'un nom

qu'il avait donné à Jean-Louis Gergorin". Il affirmait avoir utilisé "une technique classique consistant à mal orthographier un nom pour le voir circuler après et en connaître l'origine". Me Olivier Pardo, avocat de l'informaticien Imad Lahoud, estime que ce témoignage pourrait remettre en cause les accusations portées à l'encontre de son client. Sa demande adressée hier aux juges d'Huy et Pons fait apparaître un nouveau personnage dans le feuilleton Clearstream… L'audition de l'éditeur Guy Birenbaum est en effet réclamée. Ce dernier aurait assisté en septembre dernier à un déjeuner avec Gerard Willing où le chiffre de "30 noms totalement inventés" aurait été évoqué. S'interrogeant également sur le mystérieux témoignage de Gerard Willing, l'avocat de Jean-Louis Gergorin, Me Paul-Albert Iweins, avait déjà demandé une confrontation avec son client. Il s'est vu opposer une fin de non-recevoir par les juges. »

Il est faux d'écrire que, pendant ce déjeuner, j'ai entendu parler de « trente noms inventés ». Seulement de deux.

C'est comme si le casting avait brutalement changé autour de moi.

Des *Tontons flingueurs* du cabinet noir, je suis tombé dans un épisode de *24 heures* avec ses manipulations et rebondissements en cascades.

Et je ne suis pas du tout équipé pour…

28. Les confidences d'Imad Lahoud.

Il me reste à ce stade une question à régler.
Une question personnelle.

Ne suis-je pas tombé dans un piège en publiant le livre de Lahoud ?

L'existence probable de relations entre Imad et Brigitte Henri, la commissaire des renseignements généraux, ne cesse de me tarauder. Et si c'était elle ou Yves Bertrand, qui m'avaient téléguidé vers lui ? Qui tiraient une fois de plus les ficelles ? Dix fois, vingt fois, je suis revenu à la charge. Dix fois, vingt fois, j'ai eu droit à des dénégations répétées, la main sur le cœur. Et Dieu sait si Imad est réellement un homme de cœur, affectif et amical avec les gens qui l'acceptent tel qu'il est, sans le condamner a priori.

Les extraits des carnets d'Yves Bertrand parus dans *Le Point* en 2008 remettent pourtant sa version des faits en cause.

On y découvre que, dès mai 2001, Yves Bertrand évoque dans ses notes un certain… Imad Lahoud. Le 8 mai précisément, Bertrand note : « *1 libanais riche 90, avenue Niel- Imad Lahoud né le 7 octobre 1967 à Beyrouth, gendre Fr. Heilbronner s'est converti au judaïsme pour épouser la fille d'Heilbronner.* » *Suit cette annotation mystérieuse :* « *Pourrait Wer c L.J.* »[1]

Les derniers mots assez peu codés de Bertrand signifieraient « Pourrait travailler contre Lionel Jospin ». Jospin est l'obsession du cabinet noir, à l'époque. Il est, pense-t-on, le futur adversaire de Jacques Chirac au second tour de l'élection présidentielle, l'homme à abattre.

Devant ces quelques lignes sur Imad, deux initiales : « BH ». Les initiales de la commissaire Brigitte Henri. Celle-ci a reconnu avoir vu Imad mais à propos d'affaires privées. Elle assure au *Point* n'avoir été en relation avec l'informaticien « *qu'à partir de 2003 et pour des raisons personnelles* ».

Les carnets semblent prouver le contraire.

La mention « Lahoud » et « BH », dès 2001, dans les carnets de Bertrand est embarrassante. Yves Bertrand aurait-il menti

1. Imad Lahoud a porté plainte contre X pour la divulgation publique de ces pans de sa vie privée.

lorsqu'en 2006 il a déclaré n'avoir découvert l'existence d'Imad que dans la presse et n'avoir «*jamais eu connaissance*» des contacts entre Lahoud et Brigitte Henri ?

Question gênante.

Pour vous dire toute la vérité, je n'ai pas attendu de lire ce passage des carnets secrets pour cuisiner de manière plus pressante Imad sur ses liens éventuels avec Bertrand et le cabinet noir…

Au cours de l'année 2008, j'arrive professionnellement à sortir un peu la tête du sac après l'échec de Privé. À titre personnel, je veux pourtant solder les comptes du passé et savoir ce qui s'est joué autour de notre *Coupable idéal*.
La discussion a lieu fin juin, début juillet 2008, dans mon bureau sans âme des éditions Ramsay où j'ai provisoirement posé mon paquetage après mon départ de Privé.

Nous sommes seuls.

Je demande une nouvelle fois à Imad s'il connaît personnellement Yves Bertrand… Je ne suis ni flic, ni journaliste, à peine éditeur. Je veux juste savoir. Pour moi. Pour lui. Pour nous. Pour plus tard.

C'est probablement le bon moment.

Le bon jour.

A-t-il enfin compris que sa stratégie peut le conduire dans le mur ? Que plus rien, ni personne, ne peut désormais le protéger ? Je ne sais pas trop…

Imad me regarde, ému. Il parle beaucoup plus doucement. Son regard se fait plus bas. Plus doux aussi.

Il me demande, presque à mi-voix, comme un môme :

– Tu me promets que tu ne vas pas m'en vouloir ?

– Non, c'est fini maintenant. Je veux juste savoir.

Ce vrai sentimental me prend dans ses bras, à l'orientale. Et puis, il me serre contre lui en fermant les yeux. Une accolade. Un long moment.

Évidemment il connaît Yves Bertrand…

– Je l'ai rencontré six fois rue des Saussaies !

Il se met à me parler, en marchant de long en large. Il part dans tous les sens, sans souci de chronologie ou de logique. Il parle sans plus s'arrêter. De longues minutes.

Je l'écoute bouche bée.

Son récit m'apaise et m'impressionne. Je prends des notes à la volée.

Après son départ, je vais tout remettre noir sur blanc, tenter de reconstituer le fil, en respectant les dates et les étapes de l'affaire.

Le récit compte quatre feuillets. Juste l'os. Le synopsis d'un thriller que personne n'aurait pu imaginer. La manipulation. Comment a été fabriquée cette histoire de dingues. D'où viennent les listings de Clearstream. Qui a fourni les noms. Qui en a rajoutés. Qui, au sommet du pouvoir, était au courant. Derrière et parfois devant la manigance. Qui a trahi qui.

Avec un objectif clair : tuer Sarkozy.

Je crois bien que les juges se sont fait balader.

De mémoire d'éditeur, je n'ai jamais lu quatre pages de ce genre…

Imad vient de me retirer un poids de la poitrine. Et sans doute aussi de la sienne.

Mais son récit ne m'appartient pas. Imad Lahoud est libre de sa défense. Lui seul connaît les détails qui peuvent attester – ou non – de la véracité de ce récit. Lui seul peut prendre la responsabilité d'en révéler ce qu'il veut.

Pas moi.

Ici, j'écris seulement mon histoire

Le Cabinet noir

En glissant ces quatre feuillets sous ma méridienne en moleskine rouge, j'ai la certitude qu'une page de ma vie se tourne.

Le cabinet noir a cherché à torpiller mon premier livre à succès, les *Sept ans de solitude* d'Éric Halphen. Je devine sa main derrière mon dernier *coup* raté d'éditeur.

La boucle est bouclée.

« Sur le plan de l'arnaque, les coups les plus tordus ne sont rien – vous entendez, rien – à côté de la peinture abstraite. »

Tonton, joué par Pierre Brasseur
dans *La Métamorphose des cloportes*,
film de Pierre Granier-Deferre,
dialogues de Michel Audiard

Épilogue. Swimming with sharks (Nageant parmi les requins.)

Lorsque les premiers extraits des carnets d'Yves Bertrand sont sortis dans *Le Point,* en dépit de ces années à voir passer et repasser devant moi ses sbires, j'ai quand même appris pas mal de choses. Notamment que l'intérêt du cabinet noir pour moi remonte en fait bien avant le vol du livre d'Éric Halphen…

Lorsque nous travaillions, avec mon ami Arnaud Montebourg, à l'écriture de ses premiers livres[1], dans lesquels il

1. *La Machine à trahir* (Denoël, 2000) et *Proposition de résolution tendant au renvoi de M. Jacques Chirac occupant les fonctions de président de la République devant la Commission d'instruction de la Haute Cour de Justice* (Denoël, 2002).

s'attaquait directement à Jacques Chirac, Yves Bertrand se préoccupait déjà de nous.

J'apprends ainsi qu'au moment de la création de la Convention pour la VIe République, le directeur des RG rédigeait des notes sur le sujet. Fin mai 2001 Yves Bertrand écrit ainsi à propos d'Arnaud : « *Montebourg prépare une cassette sur les affaires* [...]. *A du fric, pour ouvrir des cercles VIe république dans tous les arrondissements* ».

Quelques jours après les révélations du *Point*, je découvre dans *Le Monde* d'hallucinants propos de Daniel Vaillant. L'ancien ministre de l'Intérieur socialiste explique tranquillement, aujourd'hui, que lorsqu'il a voulu remplacer Yves Bertrand par un certain Jacques Debue, Jacques Chirac l'a reçu : « *Il m'a dit : "Je ne connais pas ce M. Debue. Je n'ai pas confiance. Et, avec ce Montebourg qui me cherche des histoires, il n'en est pas question."* »

N'aurait-il pas été opportun que Vaillant raconte cela à l'époque ? Lorsque nous nous escrimions, à quelques-uns, à convaincre les parlementaires socialistes et le Premier ministre Lionel Jospin des turpitudes chiraquiennes ?

Reste à tirer quelques leçons de mes dix années passées à nager au milieu des requins.

Désormais, vous n'ignorez plus que quelques-unes des thèses les plus fumeuses qui ont pollué l'actualité, depuis une quinzaine d'années, furent souvent des créations ou des adaptations de membres de ce cabinet noir, tout proche du sommet de l'État. Pierre Bérégovoy assassiné ; le « coup monté » de la maternelle de Neuilly ; l'avion qui ne s'est pas écrasé sur le Pentagone le 11 septembre 2001 ; les pères collabos de Jospin et Sarkozy ; Yvan Colonna innocent et trahi par Sarkozy ; Clearstream ; etc.

Autant d'affaires qui connurent parfois de spectaculaires succès d'édition ou d'audience. Carnets secrets, « blancs » non vérifiés, informations non recoupées, tuyaux percés, rumeurs crapoteuses, tout y est passé pendant une quinzaine d'années pour déstabiliser tout homme politique susceptible de menacer Jacques Chirac.

Vous avez compris comment des livres gênants ont été empêchés, censurés et volés ou, à l'inverse, des ouvrages initiés, et parfois même publiés, sur la base d'« enquêtes » bidon menées par des « journalistes » sous l'influence de flics marrons.

Et encore...

... ce livre ne raconte-t-il que les turpitudes dont j'ai été le témoin : j'ai uniquement défriché les territoires que je connais. Mais je suis certain que d'autres « bonnes histoires » – je veux dire aussi délirantes – ont pris naissance dans les soupentes du cabinet noir... Combien de scoops ou de « documents chocs »...

J'aurais aussi pu évoquer d'autres misérables tas de secrets, qui semblent sortis tout droit des poches revolver d'Yves Bertrand.

J'aurais pu raconter les coups tordus qui torpillèrent l'enquête du juge Éric Halphen en 1995 : à l'époque, un corbeau proche des RG et en particulier d'Yves Bertrand sévissait pour orienter le juge vers de fausses pistes... Brigitte Henri, déjà, traînait dans les parages.

J'aurais pu détailler les tentatives d'Yves Bertrand pour exhumer, hors de ses seuls carnets, de viles rumeurs concernant Jack Lang. En 1996, un « blanc » des renseignements généraux évoque ainsi une affaire, survenue douze ans plus tôt, dans le Sud-Est de la France. La note y mêle, avec un luxe incroyable de détails sordides et scabreux, le couple Lang.

Le « blanc » mentionne des écoutes téléphoniques qu'évidemment personne n'a jamais entendues et qui auraient été détruites. On l'aurait parié !

Comme l'a révélé Sébastien Fontenelle[1], Yves Bertrand alerte alors personnellement le procureur Éric de Montgolfier. Ce dernier, prêt à enquêter, lui demande de bien vouloir lui faire parvenir officiellement la « note blanche ». Bertrand finira par se rétracter, au motif que ses « supérieurs » lui en auraient intimé l'ordre...

---

1. Dans son livre *Impunités françaises* (Privé, 2006).

L'accusation restera et resservira contre l'intéressé. Jusque dans son propre camp.

Comment ignorer aussi le rôle d'inspirateur que joua Yves Bertrand dans la sortie en librairie du brûlot *L'Affaire Yann Piat*[1] ? Le livre qui accusait tout simplement Jean-Claude Gaudin et François Léotard d'avoir commandité l'assassinat de la député UDF du Var.

Informateur de l'un des deux auteurs (André Rougeot, journaliste au *Canard enchaîné*), Bertrand cité plusieurs fois dans le livre, passa entre les gouttes et évita l'opprobe. Léotard, lui, ne s'en remit jamais.

Que penser des efforts de Bertrand, en 2001, pour parvenir à stimuler dans les médias la thèse de l'attentat islamiste dans l'explosion de l'usine AZF, à Toulouse ? On lut à ce propos bien des enquêtes bigrement « documentées ».

C'est toujours le même Yves Bertrand qui appela un jour en personne un journaliste de mes amis pour lui conseiller d'enquêter sur la sexualité répréhensible de l'un des plus proches collaborateurs de Nicolas Sarkozy, aujourd'hui important ministre.

---

1. (Flammarion, 1997). Les deux auteurs – André Rougeot et Jean-Michel Verne – et l'éditeur furent condamnés à 230 000 euros de dommages et intérêts.

Combien d'articles de journaux ou de prétendues enquêtes ont-ils démarré – ou se sont achevés – à l'Hôtel Régina, au Berkeley, le bar du Rond-Point des Champs-Élysées, où Yves Bertrand « traitait » ses contacts, devant un verre de Chivas, voire dans son bureau même ? Dans ses carnets on croise souvent bien des journalistes réputés. Et parfois plusieurs fois par semaine…

En France, les « gorges profondes[1] » ne se rencontrent pas dans un parking, mais sous les ors de la République.

Comme l'avoue un journaliste – anonyme – aux auteurs de *Place Beauvau* : « *Quand je venais, Bertrand m'installait dans une pièce fermée avec les dossiers et m'autorisait à prendre les notes que je voulais. Si, par la suite, le journal était attaqué, Bertrand me fournissait la photocopie des documents. Petit à petit, Yves Bertrand était pratiquement devenu mon seul contact dans la police.* »

La volonté et le parapluie du président Jacques Chirac, l'énergie et le pouvoir de Dominique de Villepin ne suffisent pas à expliquer pourquoi et comment Yves Bertrand et son cabinet noir ont pu durer aussi longtemps.

L'opportunisme de certains journalistes a été leur meilleure

1. Les deux journalistes du *Washington Post*, auteurs de l'enquête sur le scandale du Watergate qui poussa le Président des États-Unis Richard Nixon à la démission, appelaient entre eux leur source « Gorge profonde », du nom d'un film pornographique *Deep Throat* sorti à l'époque.

protection. Leurs contacts dans les rédactions les plus en vue de Paris ont profité du système. Ces journalistes – bienveillants – ont utilisé le robinet à rumeurs, à documents providentiels, à « notes blanches » inespérées, alimenté par Yves Bertrand pour gonfler leurs colonnes de scoops et s'imposer dans le créneau porteur de l'investigation.

Sans parler de ceux qui en auraient profité pour arrondir leurs fins de mois. Si on lit de près les carnets d'Yves Bertrand, on peut penser que « les informations » s'accompagnaient parfois d'une petite enveloppe.
Est-ce vrai ? Ou s'agit-il d'une intox supplémentaire ?

Il y eut d'autres officines comparables bien avant l'élection de Jacques Chirac et le « haut magistère » sur les affaires de Dominique de Villepin. Charles de Gaulle utilisait Jacques Foccart et le parti gaulliste ne dédaignait pas les barbouzeries. Georges Pompidou souffrit considérablement de l'affaire Markovic. On mourut beaucoup sous la présidence de Valéry Giscard d'Estaing. François Mitterrand – qui nomma Yves Bertrand patron des RG, en 1992 – s'accommoda à merveille de ce genre de méthodes, après avoir été une proie pour les gaullistes. Les gendarmes de l'Élysée, avec l'inénarrable trio Gilles Ménage, Christian Prouteau et Paul Barril, sans oublier l'homme de l'ombre François de Grossouvre, formaient un cabinet noir avant la lettre.

Les sales manières présidentielles semblent si « installées » dans notre République…

Le Cabinet noir

Nicolas Sarkozy, hier cible numéro un des complots les plus vicieux du cabinet noir, est désormais installé à l'Élysée, et détenteur d'un pouvoir sans partage. Et les membres de sa garde la plus rapprochée – Claude Guéant, secrétaire général de l'Élysée, Bernard Squarcini, nouveau directeur central du renseignement intérieur, Frédéric Péchenard, directeur général de la police nationale et ami d'enfance du Président, Erard Corbin de Mangoux, nouveau patron de la DGSE, et même Alain Bauer, son conseiller pour les questions de sécurité – prennent tous leurs racines Place Beauveau.

Le président, déjà si procédurier, se défend de goûter au fruit défendu. Saura-t-il résister à la tentation ?

Je suis éditeur depuis dix ans. Au départ, je devais publier des livres politiques. À la fin, je passais ma vie entre des flics et des barbouzes. C'était devenu la même chose…

Dans cette dérive, je veux bien prendre ma part de responsabilité. J'appartiens à une génération qui a grandi dans les turpitudes de la Ve République : les morts mystérieuses de Robert Boulin, Joseph Fontanet… les diamants de Giscard… le suicide à l'Élysée de François de Grossouvre… les écoutes de l'Élysée. Voilà notre ADN.

Aspiré par ce que les affaires révèlent de l'époque et du pouvoir, j'en ai fait un métier. Ensuite, tout s'est emboîté. Un engrenage, la pression commerciale, la logique de l'Audimat, le frisson du succès, la griserie, la posture de chevalier blanc…

Parti à la chasse aux scoops, inconscient au point de croire que je pouvais aider à changer les choses, notamment avec les aventures Montebourg et Halphen, je me suis planté.

Le Cabinet noir

J'ai fini par tomber dans le panneau, comme beaucoup d'autres.

Je vais enfin pouvoir tirer le rideau sur le cabinet noir.

Si cette histoire peut avoir un sens, c'est à chaque lecteur d'en tirer des leçons.

Pour ma part, je sais désormais qu'il peut y avoir de la fumée sans feu. Et que le temps, la prudence et, surtout, la distance sont autant de vertus qu'il ne faudrait jamais sacri fier au bouillon médiatique.

Et puis, de temps en temps, il vaudrait mieux que chacun reste à sa place.

Post scriptum

Le 17 novembre 2008, je corrige les dernières épreuves de ce livre. Deux heures avant l'envoi à l'imprimerie, à 11 heures, un coup de fil d'un journaliste m'apprend que je suis cité dans les carnets d'Yves Bertrand.

Je recopie l'extrait :

« *22 février*
Stéphane a eu Birenbaum : « Il y aura des livres. »
Fouks a conseillé Birenbaum sur le lancement du livre.
Fouks, Montebourg et Birenbaum se connaissent depuis le lycée avec Alain Bauer. »

Yves Bertrand avait pris la mauvaise habitude de récupérer les livres dont j'étais l'éditeur à l'imprimerie. Ironie du sort, aujourd'hui, il m'accompagne bien involontairement jusqu'à la dernière phrase de mon témoignage.
J'imagine qu'il s'en serait bien passé.

Prolongez votre lecture sur www.arenes.fr
et sur www.larumeurdelaville.com. Sur ce dernier site,
je vous raconte au quotidien la suite de l'histoire…

Sans Laurent Beccaria, mon éditeur, et l'équipe des Arènes
ce livre n'aurait jamais vu le jour.

La coordination éditoriale a été réalisée par Aleth Stroebel.
Le montage PAO a été effectué par Daniel Collet (In Folio).
La couverture a été créée par Rocco.
La relecture a été assurée par Liliane Crapanzano.

Cet ouvrage a été imprimé en France par CPI Bussière
à Saint-Amand-Montrond (Cher) en novembre 2008.

Dépôt légal : décembre 2008
N° d'impression : 083593/4
ISBN : 978-2-35204-063-7